互联网时代
行政进阶
必修课

从入门到精通

许烨 姜美 ◎著

MASTERING
ADMINISTRATIVE
SERVICES IN
THE DIGITAL AGE
Office Adminstration Handbook

机械工业出版社
CHINA MACHINE PRESS

图书在版编目（CIP）数据

互联网时代行政进阶必修课：从入门到精通 / 许烨，
姜美著. —北京：机械工业出版社，2024.3
　　ISBN 978-7-111-74524-2

　　Ⅰ.①互…　Ⅱ.①许…　②姜…　Ⅲ.①企业管理 – 行
政管理　Ⅳ.① F272.9

中国国家版本馆 CIP 数据核字（2024）第 038475 号

机械工业出版社（北京市百万庄大街 22 号　邮政编码 100037）
策划编辑：李文静　　　　　　责任编辑：李文静　马新娟
责任校对：王荣庆　王　延　　责任印制：常天培
北京铭成印刷有限公司印刷
2024 年 4 月第 1 版第 1 次印刷
170mm×230mm · 12.5 印张 · 1 插页 · 154 千字
标准书号：ISBN 978-7-111-74524-2
定价：79.00 元

电话服务　　　　　　　　　　网络服务
客服电话：010-88361066　　　机 工 官 网：www.cmpbook.com
　　　　　010-88379833　　　机 工 官 博：weibo.com/cmp1952
　　　　　010-68326294　　　金 书 网：www.golden-book.com
封底无防伪标均为盗版　　机工教育服务网：www.cmpedu.com

| 推荐序 |

◎高爱红
美团原行政负责人

作为一个在 IT/ 互联网公司行政管理岗位摸爬滚打 20 年的老兵，即将退休的时候，我看到了这本行政工作实操著作。欣喜之余，更多的是感动。

这些年来，在被问到互联网大厂的行政工作是怎么做的，与传统行业的行政有什么不同，有没有相关书籍可以推荐的时候，我常常是惭愧的。面对互联网公司行政人的无助、迷茫或重压之下呕心沥血却仍不被理解、认可，总觉得应该静下心来总结、分享些什么，哪怕是讲讲成功或者失败的案例故事，也许可以让新进互联网企业的行政人快速融入，或略有启发，或少走弯路，或复盘有方、迭代有道。这本书无疑达成了我的一些心愿。

初读本书时，眼前一亮。从来没有看到过一本书能将行政与互联网思维之间的关系，用如此简单易懂的方式表达出来。再次细读，更觉实用。在目前这样一个竞争、科技、规则都在不断发生巨大变化的时代，本书紧扣行政人日常工作所遇到的挑战和难点，提出了有针对性的解决方案，它值得作为案头书随时翻阅，相信读后大有裨益。

这本书的出版，与其说是一种尝试，不如说是一种突破，行政人能够从中体会到温暖的分享和助力。

| 前言 |

　　对于行政人所做的工作，所有的努力最终都会落脚到一个基本点，那就是解决问题。如果说做服务是为了解决用户舒心的问题，做产品是为了解决公司核心竞争力的问题，做培训是为了解决部门针对性赋能的问题，那么做行政管理则是整合各类资源（人、财、物）来解决一系列服务、产品及培训的问题。

　　我和姜美日常会面向公众分享行政人的实践经验和有效方法（目前阅读或学习过我们的公众号文章和课程的行政人已经超过10万人次），我们会教行政人如何规划职业，如何处理具体问题，更多的是帮助行政人进行具体方案的策划及优化。我们希望通过本书，让听过、接受过相关赋能的行政人真正掌握一套底层的方法论，在面对复杂问题时，能从底层逻辑的层面来拆解它、解决它。当你拥有这样一套底层的方法论时，你就成了一名解决问题的高手，一名能自我进阶的行政人。

　　《互联网思维——独孤九剑》一书提出了九大互联网思维，即用户思维、简约思维、极致思维、迭代思维、流量思维、社会化思维、大数据思维、平台思维、跨界思维。对行政人而言,掌握其中六个方面便能在当前的工作中游刃有余,我们将其称为行政人互联网思维的"六脉神剑"。当你解决复杂的行政问题时,"六脉神剑"将为你提供最有针对性的方法论和干法。本书想要教给你的知识及方法论,是基于互联网行业成熟产品开发经验沉淀下来的"六脉神剑"。

第一剑:用户思维——如何为用户提供更合适的服务或产品。

第二剑:迭代思维——如何在行政工作中用小步快走的方式提高工作效率。

第三剑:社会化思维——行政人管理从"我"到"我们",从个人到团队。

第四剑:大数据思维——行政的数字化转型如何落地。

第五剑:平台化思维——建立更合适的行政组织。

第六剑:跨界思维——行政人的自我发展。

"六脉神剑"从梳理行政基础工作(提供服务 / 产品)开始,围绕提高工作效率及管理能力的方法,通过案例让你找到更适合自己的行政工作进阶之路。掌握以上要点之后,我们再来系统讨论如何建立最佳的行政组织(组织的发展)和卓越行政人的自我提升方式。相信学习完这六"剑"后,你将从迷茫中走出来,成为组织快速转型及发展的推动者。这套方法论不仅能用来帮你操盘具体的项目,还可以帮你做好向上管理及团队管理,甚至能帮你快速上手常见的行政数据分析工作。

我们每位行政人的脑子里均有一套又一套解决问题的逻辑或路径,这些逻辑或路径被称为思维方式,抑或称为方法论。如果你的逻辑或路径比别人多一点,那么你在面对具体问题的时候,解决问题的手段就会多一点。站在长期主义的立场来看,行政人个体的差异性会体现在哪里呢？就在于这些思维方式和方法论的差异。如果你想成为一名卓越的行政人，在解决各类行政问题时信手拈来，如果你也想成为能给其他行政人提供支持的行政人，那么请拿起这本书，花点时间来拓宽你的思维。本书最大的特点不是干讲思维方式或方法论，而是通过一个个活灵活现的案例和启发洞见的思考题将其糅合在一起，来帮助你建立知识框架，加深对思维方式或方法论的理解，掌握一套系统化且行之有效的实战功法。

许烨

于上海

| 目　录 |

第 1 章

行政人的用户思维

从服务到双赢

1.1　行政人的用户思维是什么样的？

从本节开始，我们进入"六脉神剑"之第一剑——用户思维。用户思维是互联网思维的核心，指在价值链各个环节都要"以用户为核心"去考虑问题。在这里，我们将结合自身的工作经验及《行为设计学》《颠覆式创新》《沉浸感：不可错过的虚拟现实革命》《升维：争夺产品认识高地的战争》《怪诞行为学》等书籍的核心内容，通过 3 个问题来回答什么是用户思维。

1）服务领导还是服务业务：你的目标用户是谁？对行政人而言，什么样的客户是你的核心客户，什么是基本盘？

2）行政人如何从提供服务转变为提供体验式服务：目标用户要什么？也就是如何在满足功能性需求的前提下，达成情感的诉求或提供参与感？

3）判断服务正确的 3 个维度：如何基于同一个用户在不同角色和场景中来满足其需求？

1.1.1　服务领导还是服务业务

问题：按照公司的差旅制度规定，若乘坐火车出差，董事长安排一等座，其他人员安排二等座。对于一次前往外地对接项目的出差，火车行程共一个半小时，董事长需与3～4位同事同行。作为行政人的你，会如何安排？

选项 A：董事长一等座，其他人员二等座，按照制度执行。

选项 B：董事长和其他人员都安排二等座，以便于路上交流工作和相互照应。

选项 C：董事长和其他人员都安排一等座，不委屈董事长，其他人跟着董事长"沾光"。

各位行政人，如果你面试的时候遇到这个问题，你会如何选择？很显然，这个问题没有标准答案。每家公司都有各自的特点，需要根据领导风格，结合规章制度来灵活执行。如果董事长亲和力强，你可以选择 B。当然，选择 C 也无可厚非，因为这样的安排对业务有促进作用，管理层多半会批准。选择 A 的行政人也不会错，这属于坚守原则。如果你正在应聘行政部经理，选择 B 或 C，并能站在业务的角度陈述理由，显然是一个加分项。选项 A 则是适用于行政主管和行政专员的面试回答。

这里就引出了我们要讨论的话题：行政人究竟是服务领导还是服务业务（员工）？或者说，行政人是不是既要服务领导又要服务业务（员工）呢？对此存在疑问的行政人不在少数，而我们往往听到的答案是具体情况具体分析，各家公司有各自不同的情况，没有标准答案。

其实这个问题很好分析，试想一下，由谁来定义你的价值、决定你的去留、评估你的 KPI（关键绩效指标）、决定你的升降职。相信通过这些维度的思考，你已经得出了结论。

举个典型例子，为什么很多互联网公司都重视员工满意度？它的底层逻辑很简单。在公司快速发展、资金链雄厚的时候，前台部门在单位时间创造的剩余价值远远大于其单位时间的工资。因此，如何提高前台部门的工作时长，就成了后台部门的重要课题，换言之，后台部门必须想尽办法来配合领导，从而实现领导的想法——尽可能让前台部门创造更多的剩余价值。而前台部门对后台部门提供服务的反馈导向两种行动，即满意就多加班，不满意就不加班。对领导而言，前台部门不加班就导致没有产生更多的剩余价值，没有更多的剩余价值意味着企业效益降低，领导必然会问责后台部门。在这种类型的公司里，表面上决定行政人价值的核心就是员工满意度！公司领导也会陷入这种逻辑当中，不得不遵守"游戏规则"，所以用资源换满意度是自然的逻辑。

另外一种情形，在有的私营企业里，局面会大有不同。行政支出属于企业成本，领导势必会对行政支出有所斟酌。员工满意度重要吗？对领导而言，可能没有那么重要。当然，并不排除一些领导风格是非常亲民的，但前提一定是企业的收入远大于支出。

那么，如何平衡领导的要求与业务的需求呢？

如果是花钱能解决的需求，就花钱解决。前提是将其控制在预算范围内，只要合理合规，没人会说不好。在这样的公司，只要是为业务解决问题而花钱、为提供员工满意度而花钱、为行政规范化而花钱、为提升效率而花钱的，就是合理的。至于合规，需要大家自行体会和找到合适的度。

如果是不能通过花钱来解决的需求呢？我们建议将问题分级：哪些是核心业务部门的需求，哪些是 KOL（关键意见领袖）的需求，哪些需求会影响业务发展等。不要仅用自己的想法去理解业务的需求，要多和业务部门沟通，了解它们需要什么样的共性支持，它们不需要哪些我们正在做却无效的支持。同时，我们要想清楚哪些支持是我们一旦提供就无法终止的？例如，以前公司不提供晚餐，一旦提供就很难停下来。我们还要想清楚，哪些支持会产生负面效果？例如，互联网企业更适合开展员工活动，但有些企业并不适合开展员工活动，因为那可能会影响业务推进的效率，当有一个建设项目正在追赶进度，我们为了彰显价值，不合时宜地做了一场覆盖全员的大型活动，业务部门的领导难免会质疑我们的专业性。

所以，归根结底，行政人进入一家企业，要通过一系列小事情和小细节来快速识别服务的目标客户究竟是谁，谁才是关键客户。判断的标准在于，谁来定义你的价值，谁决定你的去留，谁评估你的 KPI，谁能决定你的升降职。

思考题：
你觉得是应该优先服务领导还是优先服务业务呢？

1.1.2　行政人如何从提供服务转变为提供体验式服务

问题：体验式服务是营造员工参与感的重要方法，那要如何提供体验式服务呢？我们从以下4个方面展开。

1）什么是体验式服务？

2）为什么互联网公司的行政服务需要从提供服务变成提供体验式服务？

3）提供体验式服务的注意点有哪些？

4）体验式服务有哪些应用场景？

从人性的角度来看，人是复杂的，人的认知会对感觉产生影响，人的感觉会对体验产生影响，从而导致在 A 公司成功的体验设计并不一定适用于 B 公司，因为不同公司的人认知不同，所以需要具体问题具体分析。

本章呈现的案例不是无坚不摧的武器，而是源于实践的应用场景，武器是拿来即用的，应用场景却是因人而异的，我们希望达到的效果是授人以渔，而不是授人以鱼。

　　首先，我们来看一个问题：什么是体验式服务？行政服务中的体验式服务是通过自然或设计的场景、服务或产品，让被服务的员工感受到新奇、惊讶、感动、满足、幸福等感官刺激或其他乐趣，从而对所提供的场景、服务或产品留下深刻的正面印象。留下正面印象的体验式服务才能被视为成功，给被服务的员工留下负面印象是不可取的，甚至会被视为失败。

　　当我们对体验式服务做好定义，紧接着需要思考的是：为什么互联网公司的行政服务需要从提供服务变成提供体验式服务呢？主要有以下两点原因。

　　1）行政人专业度的升级需要从一个新的思路破局。体验式服务可以有效整合各方资源，并形成一系列围绕着体验式服务展开工作的合力。体验式服务符合消费升级的趋势，这里的消费升级指的是员工通过对标其他公司提供的体验式服务，对自己公司的行政服务进行持续提升。提供体验式服务能有效提升行政部工作的层次，从提供满足感的服务转变为提供幸福感的服务。

　　2）体验式服务是一个整体化、综合性的项目。如果要实现有效落地，需要行政人具备行为设计学、统计学、行为心理学、行为经济学、人力资源及管理学方面的综合知识。一方面，给行政人指明学习成长的方向；另一方面，通过体现行政人的专业度来提升行政人的存在感，进而提升行政人的重要性。

　　我们在提供体验式服务时，需要注意哪些事项呢？

　　1）大目标＋小步骤：体验式服务的应用场景相当广泛，因此它需要进行有条理的规划和分清主次，为了避免好心办坏事，需要将体验式服务在公司作为一个项目来进行运营，按现有资源和员工接受度逐步开展，在每一个小目标实现的过程中，根据预算和员工反馈，实时调整方式、方法，切忌为了做体验式服务而集中投放资源，避免顾此失彼。

2）获得管理层的支持：在实际应用中，体验式服务很难一蹴而就。在资源有限的情况下，取得让人满意的成果是一个长期工程，因此获得管理层（至少是直属上级）的支持非常重要。我们可以通过日常沟通或工作汇报先取得管理层的支持，再逐步推动体验式服务的落地。

3）量力而行：根据预算、人际影响力和自身能力来规划体验式服务的目标。

4）拿来主义：通过优化办公室的各种设施、装饰以及某些基于人性化的创新来提升员工体验的方式，在互联网上有大量的优秀实践案例。在实际操作中，我们可以根据具体的需求，先定位目标，然后搜索成功的案例，再根据公司实际情况和预算，制定有针对性的落地方案。

5）不断学习：体验式服务要求行政人拥有跨学科、跨知识体系的综合能力和素养。所以，这需要我们不断学习并学以致用。

6）数据驱动的思维方式：我们提供的体验式服务是否有助于客户的真实待办任务？当中有什么缺陷或者可以优化的地方？客户的关注点是什么？通过问卷法、访谈法或者回溯分析，我们可以找到不足之处和改进点。具体如何做呢？推荐大家阅读《成为数据分析师：6 步练就数据思维》[⊖]，相信它会给大家提供较大的帮助。

接下来，我们会用一些情景来呈现体验式服务在实际工作当中的应用场景和注意事项。

应用场景1："峰终定律"在体验式服务中的灵活应用

"峰终定律"中的"峰终"是指一段经历让我们印象最深刻的部分，

　⊖　达文波特，金镇浩. 成为数据分析师：6 步练就数据思维 [M].盛杨燕，译. 杭州：浙江人民出版社，2018.

即这段经历中的峰值瞬间（最好或最坏的体验），以及这段经历结束的瞬间。而这段经历当中体验感不好也不坏的那部分，常常会被我们遗忘。所以，当我们回忆往事时，记忆要么停留在体验峰值的瞬间，要么停留在某些关键节点的瞬间。

情景1

　　我们来列举一个互联网公司典型的入职场景。入职的第一天，你刚走进公司大门，前台亲切地跟你打招呼，并立刻通知了你之前的面试官作为你的新人导师前来迎接你。他带你办理好入职手续，领取了办公用品，在熟悉公司环境的同时，向你介绍了各部门的情况及主要人员，然后把你送到办公室。

　　这时，你发现你的电脑已经在办公桌上了，屏保是"欢迎你加入我们，亲爱的伙伴！"你在输入初始密码后，发现电脑桌面赏心悦目。办公桌上有早已为你准备的一份礼物——一件精致的公司文化衫。你打开电子邮箱，弹出的第一封邮件是部门总监亲自写给你的，他表示希望你在公司快乐工作，能够拥有一个愉快的职业生涯，鼓舞与激励的文字充斥着整个屏幕。紧接着，团队的伙伴逐一过来热情地跟你打招呼。

　　中午，团队伙伴簇拥着你走进了一间不错的餐厅，这次聚餐的主题是欢迎你这位新人，席间大家自然地帮助你完成了团队破冰。

　　下午，你又收到了一封部门总监的邮件，他表示明天要单独请你吃饭。

　　这段入职经历你觉得怎么样？被重视感会不会油然而生？会不会让你生出一定要在公司好好工作的想法呢？

　　当然，在这样一个应用场景中，每位新员工都有这样的待遇，而且根据职级不同，具体的流程还会因人而异，但是我们知道：这个情景是精心设计出来的。

不过我们相信即便你早已知道这些，你仍然会把它当作一段难忘的经历，以至于有些返聘的员工表示：我之所以选择重回公司，一定程度上就是想再享受一次这样的入职待遇。

情景2

试想一下，你去游乐场游玩，是排队和休息的时间长，还是游玩的时间长呢？显然是后者。你记住更多的是排队和休息的场景，还是游玩的场景呢？是过山车的记忆深刻，还是荡秋千的场景更让你难忘呢？大概率那些精彩的、有意义的瞬间更容易让你回忆起来。

在迪士尼公司，严禁扮演米老鼠等卡通人物的员工在社交媒体上以任何形式摘下头套，防止大众直接看到卡通服里真实人物的视频或照片。你可能会觉得这种制度是掩耳盗铃，对吗？谁不知道米老鼠是由人扮演的呢？可是知道归知道，基于峰终定律的体验式设计，你在迪士尼印象最深刻的是与卡通人物互动的体验，是沉浸在梦幻世界中的满足感。如果让你通过一张照片，发现原来米妮的扮演者是一位满头大汗的中年大叔，你的幻想将瞬间破灭，迪士尼费尽心思试图在人们心中建立的美好印象一下子就土崩瓦解了。因为近因效应，中年大叔对你的感官刺激后于迪士尼的米妮，更加容易在你心里建立一个强烈的负面印象。

应用场景2：资源更加倾向于中评的伙伴

你是否对员工做过满意度调查？一般的满意度调查是让员工给行政人提供的服务体验打分，最低分是 1 分，最高分是 10 分。通常情况下，总有一些员工对服务体验很满意，反馈 8～10 分；大部分员工对服务印象不错，反馈 5～7 分；也会有部分员工很不满意，反馈 5 分以下。

　　假设你希望提升员工的消费体验，从而提高满意度。目前有两种方案摆在你面前，你会选择哪一种？

　　方案一：专注于差评，即反馈 5 分以下的员工。全面保障服务质量，努力减少差评。

　　方案二：专注于中评，即反馈 5 ～ 7 分的员工。识别他们的痛点和自身服务的可改进点，将分数提升至 8 分。

　　大多数行政人可能会选择方案一，将 80% 的资源拿去减少负面体验。这完全可以理解，行政作为一个服务至上的部门，怎么能对员工的抱怨视若无睹呢？但从统计学和行为经济学的角度来看，方案二是更优解，原因有以下两点。

　　首先，给好评的员工（反馈 8 ～ 10 分）是对你最有价值的员工。他们将来更有可能认可你的服务、体谅你的失误、理解你的工作、支持你的决定。

　　其次，打 5 ～ 7 分的员工往往占了绝大多数，所以把他们的体验提升到 8 分，效率才是最高的。根据一些研究[一]，在同等资源投入下，方案二的综合收益大约是方案一的 8.8 倍。以航空公司的数据作为参考，同样用 200 美元所配置的资源来提升客户体验，在第二年，给中评的客户平均每人会回来消费 2200 美元，而给差评的客户平均每人只会回来消费 800 美元。所以，从效益最大化的角度来看，我们应该用更多的资源来培养"铁杆粉丝"。至于如何让打 5 ～ 7 分的员工给你好评呢？秘诀就是偶尔的惊喜或者特别好的体验。

　　举一个例子。某公司办公环境拥挤、空气混浊，但由于条件限制，短时间内很难改善，因此满意度调查势必不会有好的分数，那么它能

　　[一]　殷瑜. 基于员工满意度的企业绩效分析［J］. 市场周刊，2018（11）：180-181.

做些什么呢？

1）给员工提供一个可以休息的空间，如选择一个会议室，改造一下。

2）在员工餐上多点花样，在吃上下功夫是行政人最基础的工作，如果有食堂的话，不妨试试看。

3）设计各种节日的小礼物或公司各种活动的小惊喜。但一定要设计好员工参与的规则，因为往往能够轻易获得的东西不是惊喜，而是会引发抱怨分配不公。

4）给加班晚归的同事零食、夜宵、饮料等方面的支援，有条件的话，还可以促成一个晚间打车的公司专属福利。

类似的方法很多，核心在于创造偶尔的惊喜或者特别好的体验，但不要将其做成惯例，员工需要达到一定的条件才可以获得这些体验，否则很可能导致"升米恩，斗米仇"的后果。

应用场景3：说"理工男"听得懂的话

在互联网企业，当你和"理工男"沟通的时候，要直接说想法，直接说需求，直接说要求，不要绕圈子，不要想着去忽悠他们，即要用卡内基思维去沟通，先说结论，再说原因。遇到挑战时，先共情，表示对他的理解，再解释，说明如果他不配合，会导致其他人的利益受损，并且要给他一个折中方案或者替代方案，让他看到工作可以持续推进。这样才能够保证沟通的顺畅与有效，直至达成你的目标。

为什么呢？因为"理工男"以逻辑思维为主，有高度的数据敏感性，处理问题时以结果为导向、注重因果，在情绪表达上率性直接。所以，直接用"理工男"能理解的逻辑进行沟通，可以避免不必要的冲突，从而提高效率。另外，在沟通完成后，要记得重申一遍双方达成的共识，这样能让人从心理上尊重共识，从而服从安排。

应用场景4：让员工对你提供的服务、产品或活动有参与感

以"双十一大促"激励员工为例，我们可以采用体验式的场景，来增强员工的参与感。这样既能提升行政人的存在感，又能让更多员工主动参与进来，还能彰显公司的企业文化。比如，可以有以下做法。

1）心愿树 / 主题打卡 / 拍照分享等方式，并在员工参与后，设置领取小礼物的环节。

2）健康咨询活动（颈椎保健 / 腰椎保健 / 中医理疗 / 座位按摩等方式），可以邀请以往深度洽谈过的供应商，为员工提供免费或支付少量费用的健康服务。

3）鼓励师上门 / 行政天使角色扮演（Cosplay）/ 领导派发红包等，让深夜加班的员工获得鼓励师打气，领导送上红包、免费夜宵等惊喜。

通过激发员工的参与感，说不定还能收获意外之喜——让活动更加顺利地推广。比如，我曾帮朋友做过一个公益活动：为了达成公益完成率，发动员工去社区派发防诈骗宣传手册。通常情况下，对这样的活动，员工的参与度不会很高。但我们采用了以下提高员工参与度的方法，就让原本预期参与度只有 20% ～ 30% 的活动，参与度提高到了 80%，有效反馈达到了 67%，具体是哪些措施呢？

1）活动征名。

2）宣传内容征文。

3）优秀设计提案征文。

4）发放方式有奖征集。

5）公益大使评选。

6）最佳公益人评选。

7）楼层精彩瞬间照片的打印及宣传。

应用场景5：行政服务的符号化

行政服务的符号化具体指什么呢？它在于利用独特的符号理念体系进行灌输，从而使员工认同你提供的服务或者产品的价值观。为了便于理解，用以下两个商业案例作为示范：

1）钻石："一颗恒久远"，将钻石的恒久远特性符号化为爱情长久的象征，从而让恋人愿意为之付出高昂的价格。

2）脑白金："今年过节不收礼，收礼还收脑白金"，成功地将脑白金和过节送礼联系在了一起，一句符号化的广告词，产生了过亿瓶的销量。

对于这个时代的员工，尤其是在行业内很多优秀公司工作过的员工来讲，他们体验过各种各样的服务，以至于行政人从物质层面提供的服务倒没有那么被重视了。所以，未来行政人能提供的差异化服务，可能就在于对员工精神层面的满足了。

这里所说的"满足"是指一种群体对个体的认同感及个体自我认同感的满意度提升。为便于理解，我们举一个例子来进一步说明。

在2010年，iPhone4手机刚上市的时候，一位朋友对我说他非常希望拥有一部苹果手机，因为这样他就可以很潇洒地边逛街边打电话了。难道只有拿着苹果手机才能边逛街边打电话吗？不难看出，他想要拥有的不仅仅是一部苹果手机，更多的是苹果手机带给他的附加价值——社会身份地位的认同以及精神层面的满足。我们熟知的马斯洛需求层次理论提到：人最基本的需要是生理需要，往上依次是安全需要、社交需要、尊重需要、自我实现需要。现在的员工，早已满足了基本的生理需要和安全需要。在互联网公司，每天工作时间长，每周工作天数多，很多时间都在公司内部，以至于他们的社交、尊重及自我实现都需要在公司内部完成。那么，行政人除了要提供一个良好的办公环境外，或许更应该为他们创造一个能友好社交、获得认可、拥有参与感，并体验到群体认同及自我实现的平台。

最后，需要强调的是，请务必先做好你的基础工作，再来讨论如何推动体验式服务。基础工作是建立员工与你互相信任的前提，做不好基础工作，再多的体验式服务也很难有效提升行政人的价值，反而容易让人诟病行政人"不务正业"。

▌思考题：
▌你所在的组织提供了哪些体验式服务或产品呢？

1.1.3　判断服务正确的3个维度

问题：服务是一种个人化的体验，有什么方法论可以判断采取的措施是否合理呢？

从过往的实践来看，可以将大部分行政人定位成公司内部专业的分包供应商。我们从外包供应商的角度来进行客户服务分析，大体可分为两种——共性化服务和个性化服务，也可以分别叫作产品导向和用户导向。

对这种为客户提供个人化体验的服务，可以通过方法论来判断其是否合理，但无法准确预测最终的成效。那么，我们为什么还要掌握这个方法论呢？其实是为了判断如何做正确的事情。这里有 3 个维度，我们以办公用品申领为例来说明。

维度1：做正确的事情，后续工作以此为基石

办公用品申领是有标准操作流程的，包括从申请、发放到签收，以及每年的供应商如何评估。核心是提供稳定、可预期的服务，要笔

的时候能够给笔，要纸的时候能够给纸。这也是建立标准化操作手册（SOP）和建立规范的原因。先把这步做好，再谈创新、优化，乃至个性化服务。

维度2：明确做事情的目的，优化流程，细致步骤

比如，为了提高办公用品申领的效率，缩短等待时间，可以增设办公用品自助领用柜；为了解决库存与实际之间的差异，减少不必要的库存冗余，定期进行库存分析并区分高频物料、低频物料。

维度3：建立同理心，做好用户画像，找出关键意见领袖（KOL）及其背后的行为逻辑

比如，通过数据分析，发现最近半年每个月要用很多的11孔文件保护袋，便可以按照1∶1.1的比例提前准备好11孔文件保护袋，并将费用拆分到每个月。这里有一种极端情况，如果前期是项目原因导致每个月固定的用量，一旦项目发生变化，需求也随之改变，那么原本的库存基准和费用拆分都会随之改变，如果行政人没有及时发现并调整备货，就会出现问题。

也就是说，对于个性化的需求，可以判断如何做能够提供更好的服务，但无法准确预测这样做带来的结果。

以上方法论更多在于厘清从标准化到个性化的阶梯有哪些，有时候我们经常会忽视这些实际上很重要的阶梯，导致改革或优化失败。因此，一个可供参考的方法论可以帮助我们规避一些常见的误区。

思考题：
请用身边的案例分析你是否为客户提供了正确的服务。

1.2   通过案例理解用户思维

为什么说行政应用的用户思维与产品经理所强调的用户思维，虽同出一源，但在应用上会有明显的不同呢？

因为行政人更偏重以结果为导向，换句话来讲，就是先要把基础工作做好，再来添砖加瓦。行政人的用户思维在落地时可以参考这样的逻辑链条：从做好行政服务的基本抓手开始，通过对用户需求的访谈与分析，管理好员工的需求，从而来提供"有温度的服务"。

1.2.1   行政服务的基本抓手：确定性、创造正反馈循环

问题：你觉得什么才是行政人提供服务的基本抓手呢？哪些特质能作为行政服务的基本抓手呢？

这个问题或许看起来仁者见仁、智者见智，不过从个人实践来看，我们认为行政人最基本的价值应该是让员工拥有获得基础服务的确定性。

1. 确定性

我们在与各大型互联网企业的行政人交流时反复强调过一个观点：行政人的使命就是让公司内部客户能享受到具备一定水准的基础服务。

这个理念看似平淡无奇，似乎并不符合当前行政人希望走向高端路线的定位。但这个理念恰恰道出了员工最基本的诉求：即使你在设施设备管理（FM）方面已经做得相当专业了，即使你投入了大量资金寻找合适的外包供应商，即使你在员工福利上付出了大量的成本，但是你在基础产品和基础服务的品质上存在重大不足或满足不了最基本的需求，这就无法让员工获得基础服务的确定性。

一次入职经历让我印象十分深刻。一位业务部门领导告诉我，他们已多次向行政部门反馈空调冷热失衡、窗户漏风等问题，但是行政部门没有任何跟进与应对。我当时很惊讶，不过我觉得这可能是一家之言或者有我不清楚的误会。我回到行政部门，通过与部门伙伴沟通，了解到原来公司内部将这个部门定义为"刺头"部门，自上而下的应对举措就是要让这个部门吃吃苦头，给他们一点教训。这是我不能接受的，对我而言，"凡事有交代，件件有着落，事事有回应"是最基本的职业素养。后来我在这家公司工作了一个月，因实在无法适应这样的行事方式，便离开了。

对于那些受人称赞的行政部门，真的是因为行政部门提供了令人叹为观止的服务，才让员工满意度居高不下吗？答案是否定的。

高满意度的秘诀在于，他们做到了让公司的内部客户能享受稳定的、可靠的、有安全感的行政基础服务。当内部客户发起需求时，能够迅速找到人解决问题和持续提供后续支持。这是一个看上去不起眼但是非常了不起的成就。行政部门管理人员的高度与格局，往往体现在行政部门所面对的每一个具体问题上。一个行政人，如果在乎部门的形象，在乎自己的人设，相信自己正在做一件可持续、可发展的工作，在面对投诉与挑战时，就会努力达成客户利益与公司利益的双赢。在大多数时候，内部客户想要的不是你处理的结果，而是你处理的过程。很多行政人其实没意识到，最影响满意度和行政部门形象的是：为内部客户提供有水准的基础服务，让他们没有投诉的机会。

2. 创造正反馈循环

我们现在需要思考另外一个问题——为什么公司在做大规模之后，想要做点变革就很难呢？因为发展到一定程度，内部竞争的激烈程度就会开始大于外部竞争的激烈程度。用通俗的话来讲，就是内卷。

有一类很典型场景，行政业务伙伴（BP）的工作很难落地，因为行政中台对身为前台的行政 BP 起了提防之心，担心自己提供的很多服务所起的成效被当作行政 BP 的业绩。对行政 BP 而言，也在提防行政中台和后台，担心自己挖掘的需求反馈到他们手上后被操作得面目全非。如果我们能建立一个相互信任和高效协同的网络，就可以让大家放心地给内部客户提供真诚的服务了。其实操作起来并不难，这就是"飞书"协同工作的核心理念——围绕文档开展工作，而不是围绕具体事务开展工作。

这具体是什么意思呢？围绕文档的工作模式，可以让参与这项工作的每一位行政人，根据自身贡献的大小，以数据的形式呈现出来，从而分享这个项目的收益。这使每一个行政人都可以把后背交给同事，并且这种正反馈的循环可以传递到与内部客户的工作关系上。

作为一名公司的内部客户，我希望能在行政人提供的各种服务或产品中都享受到确定的、有水准的服务。作为一名行政人，我希望能在一个鼓励合作和崇尚信任的部门工作。我更希望看到，所有为公司内部客户提供服务的行政人，都能体面、有尊严、有幸福感地开展工作。

思考题：

在你的日常工作中，哪些是你觉得已经建立了确定性的工作？为什么？

1.2.2　从案例看行政人的用户体验五要素分析

问题：如果领导看过大公司的行政产品后，让你也模仿推出一些行政产品，有什么简单的模型可以帮助你快速梳理吗？

《用户体验要素：以用户为中心的产品设计》[⊖]这本书中提到的用户体验五要素非常实用，下面结合案例为大家做进一步分析，以便于大家理解。书中讲到的用户体验五要素包括战略、范围、结构、框架、表现。用户体验从抽象到具体的过程，其实就是产品从抽象到具体的过程。在用户体验和产品的不同阶段，涉及的相关人员、信息、文档等都存在差异。如何实现用户体验设计与产品开发迭代的完美匹配，是能否将用户体验体系有效应用到实际工作中的关键。

对行政类产品而言，按实现的功能一般可以划分为以下 3 种。

1）工具类：其核心是功能，它作为一种工具 / 措施 / 手段帮助用户完成某件事情，如"接待官"产品。

2）信息类：其核心是内容，如各类宣传物料等产品。

3）平台类：将功能与内容组合起来，标准产品就是一卡通或共享服务中心（SSC）。

这里以"接待官"产品为例，按照战略层、范围层、结构层、框架层、表现层进行分析。

1．战略层

无论工具类、信息类还是平台类产品，从战略层分析都有着高度相似性，最核心的两个问题是：①用户可以从这个产品中获得什么？②部门可以从这个产品中获得什么？

（1）用户。用户使用各类产品的主要目的是增加收益。增加收益可以从以下 3 个角度考虑：用户体验、额外收益、节约成本。

1）用户体验。用户体验是指用户在使用产品的过程中产生的满足感与成就感。比如"接待官"产品，既有一站式对接服务，更省心，

⊖　加勒特．用户体验要素：以用户为中心的产品设计 [M]．范晓燕，译．北京：机械工业出版社，2019．

又有专职讲解员接待服务，更专业。

2）额外收益。额外收益是指在用户体验之外，给用户带来的收益。比如"接待官"产品，用户的额外收益是外部客户的满意度或他们对部门的认可度。

3）节约成本。大多数节约成本的方式是通过提升效率来降低时间成本。比如"接待官"产品，为用户减少了沟通、协调的时间成本，促使更高效地完成接待工作。

（2）部门。对部门而言，在战略层应该着重考虑核心目标。一般来说，行政产品的核心目标大多是降本增效，重点是解决用户的痛点，考虑产品能否落地、如何落地，以及降本增效的预期结果。

以"接待官"产品为例，从部门核心目标的3个角度来分析。

1）战略规划。现在推出"接待官"产品，是否符合当前部门的发展需要？能否为部门下一步发展战略做好铺垫？

2）产品的迭代。产品的迭代与部门的发展规划相辅相成，在部门规模较小的情况下推出"接待官"产品，先不看效率问题，仅从占用的预计招聘的员工人数（HC）的角度来看就会失败。那么，从培养前台兼任"接待官"开始，伴随部门的成长，一直发展到部门需要"接待官"产品的出现，进一步实现产品迭代。

3）部门形象。部门对外的品牌形象可以通过产品表达出来，如偏向专业流或服务流。同时，部门形象会影响用户对部门的定位，从而对后续的工作开展起到正面或负面的作用，所以要慎重选择。

2. 范围层

范围层就是基于用户的痛点与部门的核心目标需要提供的有效解决方案。这里要聚焦的是创新，可以是技术创新，也可以是产品创新，只有通过创新高效地解决问题，才能对用户产生足够的吸引力。这里同样可以从用户和部门两个角度分析。

（1）用户。对目标群体进行细分，针对具体使用场景找出对应的解决方案。比如"接待官"产品，针对不同的招待业务进行分级，并提供相应的服务或参观线路的组合。

（2）部门。考虑如何提高产品的使用效率，增加产品的应用场景。同时，范围层作为战略层的承接，要有可行性且效率高。比如"接待官"产品，除了做接待，还要考虑可以拓展哪些业务范围。

3. 结构层

范围层是提供解决方案，结构层则是将这些方案拆解成详细的行动步骤，并按照逻辑串联起来。从这个层面开始，就要纯粹以用户视角来分析产品了，而部门层面更多体现在流程上。

结构层最重要的是体现功能逻辑，逻辑严谨清晰是唯一的参考标准，如果做不到这一点，就更不用谈接下来的框架层和表现层了。比如，不同节点间的逻辑关联，从准备环节到接待环节，是通过哪些文件或流程步骤流转的。再如，同一节点不同步骤间的逻辑关联，在准备环节中的物料准备、现场准备等步骤中，流转的逻辑是怎样的。

在结构层切忌"我以为"的思路，建议采用"第三人"的方式，即对具体的任务刨根问底，检验整个逻辑的合理性。重点发掘那些与自己想法不一样的步骤，弄清楚为什么会不一样，这样的情况是好是坏，有没有可改进的地方。这样数次验证之后就会知道现在的业务逻辑是否合理了。

4. 框架层

（1）无指引操作的可行性。如果说结构层关注的是各节点间和节点内部的流转逻辑，框架层则重点关注单个节点的功能引导性，即无指引操作的可行性。也就是说，用户在第一次接触产品时，在没有指引的情况下，也能按照以往的用户习惯完成某个任务。

比如"接待官"产品上线后，员工收到一个接待申请，是否可以在没有帮助的情况下，完成整个接待申请的流程。

（2）不迷信指引和提醒。在产品使用过程中，绝大多数用户会下意识地忽略各种精心准备的"指引""教程"，但是真正想使用某些功能的时候，往往又找不到正确的操作方式。因此，在产品界面 / 节点设计时，需要着重考虑如何让新手快速入门、老用户用着舒服。

比如，用户在"接待官"产品上完成申请后，接下来是需要用户联系"接待官"，还是"接待官"主动联系用户呢？如果接待内容临时调整，是重新走流程还是有其他的调整方式呢？以上这些就是需要着重考虑的问题。

对于框架层，只是写得详细是没有用的，能否突出重点并且有效地引导用户，使产品符合用户的使用习惯才是关键。为了降低框架层的复杂性，可以使用"三步"法则，也就是无论用户从哪里进入，都可以在三个步骤内找到自己需要的东西。另外，在产品内测过程中，邀请"小白用户"或"归零用户"来进行测试，用真实的操作流程来测试产品的各个节点和服务体验。

5. 表现层

如果说框架层关注的是在节点的功能引导性，那么表现层则重点关注某一具体步骤的细节。因为行政部门面对的是具体的人，每个人对细节的感知不同，所以具体步骤的细节就体现了产品的差异性。

简单来说，在保证产品基础功能的前提下，表现层重点在于能否让用户感受到品质的差异。用"接待官"产品举例，要在物料准备、人员服装、环境准备等方面让用户感受到细节的差异，如接待官身穿正装、身姿挺拔、声音清脆、自信果敢地进行介绍，要优于穿着休闲装、说话结巴的介绍。

当然，具体产品要具体分析，尤其在分析其他公司的行政产品时，只从表现层和框架层很难判断其背后的战略规划。但是，如果我们按照"用户体验五要素"的一整套逻辑进行分析，是能够挖掘出有价值的参考内容的。

思考题：
请试着通过"用户体验五要素"来拆解一个日常的服务，并分析其中可以优化的要点。

1.2.3 员工需求访谈流程及需求访谈六步法

问题：员工需求访谈要怎么做？有标准化或流程化的方法吗？这里，我们推荐一套源于培训领域的成熟方法论——需求访谈六步法。

第一步：前期准备。了解业务现状，准备访谈大纲，模拟访谈过程。

第二步：澄清问题。营造轻松的开场氛围，澄清访谈目的，说明保密事宜。

第三步：分析任务。厘清任务目标，分解业务举措，细化工作任务。

第四步：深挖痛点。挖掘业务难题，声明问题情境，探讨问题原因。

第五步：达成共识。确认业务需求，探究行为目标，界定业务收益，探寻项目期待。

第六步：赢得支持。征询方案建议，寻找合适资源，试探赞助商，确定行动计划。

在熟练掌握以上六个步骤后，我们可以根据实际需求对步骤进行优化，并将其内化为自己的专业技能。各个步骤具体展开如下。

第一步：前期准备

首先，了解业务现状。知己知彼，百战百胜。前期的充分准备对访谈成效起到了决定性作用，一般需要准备的内容如下。

- 业务部门近期的业务状况：业务是否顺利、是否有新业务需求等。
- 业务部门在办公区的使用过程中经常发生的问题：对行政部门有哪些要求，在行政运营中遇到的问题、原因及期待采取的措施。

接着，准备访谈大纲。准备访谈大纲的目的是提前梳理思路，对访谈流程进行预演，同时为对方不按访谈大纲顺序回答问题做足准备。

最后，模拟访谈。为什么要进行模拟访谈呢？因为业务部门领导很可能只会给我们一次访谈机会，模拟访谈一方面是为了帮助我们熟悉访谈内容，提前做好应对；另一方面是为了确认访谈大纲的内容是完善的，没有遗漏。总体来讲，进行模拟练习的目的在于增加熟练度的同时，让我们能提前发现可能存在的问题并予以解决。在访谈前还需要和对方确认清楚访谈时间、地点，以便让对方提前做好安排。另外，如果你和业务部门领导并不熟悉，务必找一位与其性格相似的人进行模拟访谈，万一对方沉默寡言，你也已经备好了对策。

第二步：澄清问题（建立信任）

访谈的目的是了解对方的真实需求和想法，所以与对方建立信任是前提，而建立信任的基础是坦诚。我们需要让对方清晰地认识到我们的目标是一致的，我们希望帮助业务成长，而不是做做样子而已。

很多行政人会说："业务部门不配合我们的访谈。"其实，问题不在于你的访谈技术，而在于你在日常工作中没有和业务部门建立起良好的信任关系。平时交互太少，等到需要的时候再去找，业务部门难免会不配合。还有一种情况就是你的"信用账户"余额不足，之前承诺对方的事情没有做好或没有创造真正的价值，自然就没有互相信任的基础了。

澄清问题要做好以下三个方面。

首先，营造轻松的开场氛围。避免直接聊公事，可以通过简单的寒暄进行开场，也可以根据提前了解到的对方的兴趣来进行暖场。时间可以控制在五分钟左右，等气氛到位了，双方没有拘束的感觉了，就可以进入正题了。

然后，澄清访谈的目的。澄清访谈的目的是建立互相信任及共识，这对整个访谈是非常重要的，要让业务部门意识到我们是来帮助他们的，而不是单纯为了了解需求而来。这里一般会使用一些开放式的问题，例如：

- "看看我们能够在现场服务/现场环境/后勤服务这些方面，帮助业务部门解决哪些问题？"
- "为了更好地支持业务工作，您认为我们可以从哪些工作做起？"
- "基于我们的现场服务，您觉得哪些业务痛点是我们可以解决的？"

需要注意的是，要避免直接问对方有什么需求，否则对方很容易说出我们不用访谈也知道的痛点，如"办公空间太小""交通不方便""为什么不提供午餐"之类的模糊笼统的痛点，甚至还可能是我们暂时无法解决的痛点。

最后，说明保密事宜。强调本次访谈会严格保密，目的是让双方可以坦诚地沟通。当然，前提是你在公司内部的信誉要足够好，否则说再多承诺也没用。为什么要强调在流程中增加保密说明环节呢？主要是你无法预测在访谈过程中会听到哪些信息，万一涉密或对一些敏感人员进行评价，提前说明保密且在访谈结束后提供书面记录给对方确认，既能强化对方对你的信任，也能为对方后续持续提供真实信息提供助力。这里一般会使用一些事实性的话术，例如：

- "如果我们讨论到了敏感信息，您可以选择停下来并换个话题。也请您放心，我们会对相关信息保密。"
- "在访谈结束后，我们将和您确认访谈速记的内容，如果您觉得有涉及敏感信息的地方，可以进行删除处理。"

第三步：分析任务

这是整个访谈过程中最关键的一步，缺少这一环节，访谈就没有意义了。要点在于要问得细致，可以先问业务部门为了完成业务目标，采取了哪些举措，再问为了完成这些举措，业务部门的各个岗位需要完成的具体工作任务有哪些。以此梳理出我们可以在哪些任务上帮助业务部门。

分析任务要做好以下三个方面：

首先，厘清业务目标。比如可以这样问："咱们今年（这个季度）的业绩目标是多少？""今年咱们部门预计要增加多少人员？分别是哪些岗位？"

　　然后，分解业务举措。这里需要注意的是，谈话的重点在于找出业务部门为了完成目标具体采用了哪些举措。常用话术如下：

- "为了完成部门的这些指标，咱们需要采取哪些举措呢？"
- "您方便从产品、客户、营销等方面具体分享一下，咱们采取了哪些举措吗？"

　　最后，细化工作任务。问清具体的工作任务能让我们更加了解业务工作流程，从而识别行政人能做哪些事情。如果想要做好行政 BP 的工作，这一点是必须做到位的，同时利用好这个机会，还能避免因想要参加某些会议而被业务部门抵触的情况发生。

　　问清工作任务建议自下而上开展，先问一线员工做什么，再问管理者做什么，这样更容易厘清业务的工作逻辑。比如，如果你访谈的对象说"Java（一种编程语言）开发岗位的主要工作是按项目进度完成编程仟务"，那么这里的"按项目进度完成编程任务"是工作目标，而非工作任务。工作任务是指为了按项目进度完成编程任务要做哪些具体的工作。可能是"梳理需求""确认技术路线""按项目经理提供的方案做框架"等。

　　为了将工作任务弄清楚，你可以使用以下话术询问："为了做好……（某些工作或目标）需要……（某个岗位）做什么？""您认为优秀地完成……（工作或目标）需要做哪些事？""为了更好地梳理清楚需求，Java 开发岗位需要做些什么事情，可以举个例子吗？""您可以具体介绍下在一个项目过程中，Java 开发岗位每天具体做哪些工作吗？可以举个例子吗？"

　　为了让访谈对象说出更新的信息，你可以不断地用"然后呢""还有呢"进行提问。

通过这些问题，可以最大限度地让访谈对象从泛泛而谈变为持续的深度思考。需要提醒的是：不能略过这一步，直接进入"第四步：深挖痛点"，这样做很容易导致对方说出很多行政人无法解决的问题，或者不是基于员工实际工作情境提出的需求。遇到这种情况，访谈对象可能会这样回答："产品经理根本不懂技术。""现在的年轻人都不肯加班了。""工资太低了，公司都招不到合适的人。""公司都没有下午茶，大家都没有干劲。"

并不是说这些反馈不是问题，但它们都是归因于外的。如果我们无法从具体业务任务中去找痛点，那么就很难让行政工作与业务产生关联。

第四步：深挖痛点

深挖痛点是在具体的工作任务和工作情境下寻找行政人可以改善的痛点，即我们做得不到位、易出错或有挑战的地方。

首先，挖掘工作难题。这里要围绕前面分析出来的工作任务挖掘工作难题，避免重启话题。你可以这样问："您提到 Java 开发岗位的第一条工作任务是梳理需求，在这方面咱们的表现如何？有什么困难吗？可以具体描述下吗？""您提到 Java 开发岗位的第二条工作任务是确认技术路线，在这方面咱们的表现如何？有什么困难吗？可以具体描述下吗？"（要接着"第三步：分析任务"发掘的工作任务，一条一条地问，直至全部问完。）

接着，声明问题情境。如果访谈对象说"我们员工的会务能力不行"，那么我们就需要追问"为什么"，因为"能力不行"是直接下结论，无法导向行动，对我们没有任何意义。

所以访谈者需要问清楚结论背后的具体情境，你可以这样说："您可以举一个具体的例子吗？"如果访谈对象说："前几天，我组织了一个会议，结果会议室预定了，但现场根本没人跟进准备，开会前 5 分钟才匆匆排桌子，弄得我非常狼狈。"基于这样的反馈，我们就可以做好记录：访谈对象在开展业务过程中，对会议室有要求，且对会议组织和安排有较高的期望，并且访谈对象把行政人的会务组织效果视作下属能力强弱的体现。

最后，探讨问题原因。即使是最简单的会务问题，我们也需要判断是个例还是普遍存在的问题。

- 员工是否知道如何正确地预定会议室？
- 在其工作任务里会务需求是否频繁？
- 关于会务，员工是否知道行政部门能做哪些工作？

为了更好地发现问题、解决问题，我们在深挖问题原因这个环节，要设法和访谈对象达成共识，找到造成问题的真正原因，并为后续提供解决方案打下基础，你可以这样问：

- "遇到过这个问题的员工大约有多少人？"
- "他们是否清楚领导对会务的相关要求？"
- "他们接受这项工作的意愿度如何？"
- "他们是否寻找过解决这个问题的方法？"
- "在这方面有没有人给他们进行过辅导？"
- "您看，在这个问题上，哪些方面是可以通过辅导来提升效率的？"

第五步：达成共识

首先，确认业务需求。经过前几步的访谈，已经能挖掘出业务基本的痛点，并厘清哪些是行政部门可以解决的。这里要和对方进行确认，常用的话术有：

- "您看，经过沟通，Java开发岗位在会务组织这件事情上，是不是需要在以下方面获得行政部门的支持？"
- "基于员工的日常工作，行政部门是否可以在以下方面帮助提升具体业务的效率？"

接着，探究行为目标。"探究行为目标"是培训上的说法，对行政人而言，也就是明确业务部门对行政部门提供的解决方案的期望值，避免过高或过低的期望值影响最终的满意度和服务标准。

需要强调的是，既然是为了做好服务初始化工作而进行的访谈，我们聚焦的是基于具体需求的期望值，你可以这样问：

- "在会务组织方面，您希望在获得行政部门提供的服务后，员工在日常具体业务中发生哪些改变？"
- "您希望员工在获得支持和服务后，在工作行为上发生哪些改变？"

然后，界定业务收益。界定业务收益是进一步明确行政部门提供的服务或支持，是否能与业务部门具体的业务指标相挂钩，比如，促进业绩达成率，提升客户满意度，缩短运营周期等。如果关联度很低，对方的参与度可能也会低。常用的话术有：

- "您看，获得以上这些需求和解决影响咱们部门业务任务的挑战后，能给咱们部门带来什么样的收益呢？对于员工个人，您觉得会有哪些帮助？"

最后，探寻项目期待。为了提高行政部门的绩效，我们需要挖掘访谈对象或利益相关方对于我们所提供服务或产品的期待，尤其是他们评价成功的标准。你可以这样问：

- "就会务这项服务，您觉得实现什么样的目标，是最能提高您的绩效的？"
- "您对会务服务这项工作，评价其成功的标准是什么？"

第六步：赢得支持

首先，征询方案建议。大部分情况下，问题的解决方案往往就在问题的提出者那里。同时，为了让解决方案更加合理，我们需要访谈对象在解决方案上给予相应的建议。比如：

- "为了解决这些问题，您有哪些建议？"
- "为了不让员工乱丢垃圾，您认为应当如何督促他们改变？"

接着，寻找合适的资源。这里的资源指的是内部资源，也就是访谈对象能提供的相关的资源。比如，探询业务部门能否在案例资源、场地设置、人员配合等方面给予相应的支持。你可以这样问：

- "您推荐团队里哪位小伙伴对接日常的行政工作？"
- "您的团队里有会务工作做得比较好的同事吗？他可以给大家分享相关经验吗？"

然后，试探赞助商。进一步，探寻访谈对象能否成为赞助商，要注意不能直接问对方是否支持，而是看访谈对象能否在一些重要的行政活动中为我们发声，哪怕只是担任"吉祥物"的角色也是好的。你可以这样问：

- "您看，我们计划在……（时间段）做个……活动，您可以给我们提供哪些支持？"

最后，确定行动计划。评估访谈有效性有一个重要标准，就是能够形成一个达成共识的、具体的行动计划。例如，在什么时候沟通方案初稿，什么时候向团队公布具体的方案等。你可以这样说：

- "您看下一步我们还需要进行哪些沟通和确认？"
- "您什么时候方便，我们一起来确定具体的方案？"

以上就是需求访谈六步法的常规步骤，也是我们在实际工作中非常有效的方法论。

思考题：
请试着使用需求访谈六步法做一次员工需求访谈，并输出复盘报告进行分享。

1.2.4　员工的感动如何管理

问题：如果领导提出要"持续给员工带来真实感动"的需求，我们首先需要明确的问题是什么是感动？什么能带来感动？

感动是一种个人化的体验，但通过人与人之间的共情，很容易形成集体效应。对大部分的员工而言，感动点往往产生于个性化体验，换言之，让员工因为收到关注而感动。因此，想要达成大规模的共情，需要我们进行共情点和传播方式的设计。

所谓感动管理的活动设计，是指以员工需求为前提、以情感为纽带、以激励为保障，通过感动语言或感动行为使员工产生共情的一种方式。

标准的感动管理分为4个环节：立标识、做活动、讲故事和树品牌。

1. 立标识

立标识可以理解为制定工作清单，即在哪个节点要做什么事情（如在员工生日时送上祝福，为关键人物组织聚餐等）、面对不同群体要做什么事情（如在新员工入职时提升其归属感的相关安排）、特殊节日要做什么活动（如妇女节的鲜花发放、青年节的趣味运动会、公司周年庆的文艺晚会等）、重要活动开展的排期（如运动会安排在秋季、家庭日安排在周末等），诸如此类。当我们明确了工作计划，在员工心目中，便有一个基础的期望值，这叫作立标识。这个标识既是提醒自己要做什么，也是让员工知道行政人为他们做了多少事情。有了这份基础的工作清单，我们才能开始后面的几步动作。

2. 做活动

做活动是建立共情和感动的基础，这里的活动可大可小，小到新员工入职时的一张欢迎卡、员工的祝福邮件，大到家庭日、团建、年会、周年庆等活动，重点在于要找到具体做什么活动的灵感。

3. 讲故事

做一个活动或一个项目，要有一个明确的主题，我们围绕这个主题来讲故事。举一个例子，当我们要在年会上体现某个项目团队的辛苦付出时，仅仅靠他们日常工作画面的堆砌很难达到效果，需要有一条主线串起他们整个辛苦工作的过程，讲清楚为什么辛苦、如何辛苦，以及辛苦后的成果是什么。用一个好故事撑起这些画面，才能引人入胜，继而才会让人共情。再举一个例子，很多行政人喜欢在一些公司级项目结束后，在庆功会上进行项目回顾，这是让团队产生共情的最好机会，也是收获感动的最好时机。所以，好的行政活动策划人，是一个善于发掘故事、书写故事的人。

4. 树品牌

可以做的活动那么多，但是预算终究是有限的，你需要通过有限的预算打造出几个精品活动，可以是让员工感受最深刻的入职环节（一套包括指引、礼遇、团队融合等环节的完整流程），也可以是容易被忽视的团队内部表彰会，还可以是公司年会上震撼人心的项目回顾等。当预算充足的时候，确实可以将大部分的活动做到高大上，但高大上不一定会带来巅峰体验，而集体共情才能带来更多的感动。

思考题：
请基于近期举办的某次活动，分析这场活动是如何进行员工感动管理的，为什么这么设置？

1.2.5　提供"有温度的服务"的小技巧

问题：如今不论是甲方的行政部门，还是乙方的物业及FM（设施设备管理）单位，都一直强调要提供"有温度的服务"，那么什么叫有温度的服务呢？在实操中要如何体现呢？

服务的温度是什么？可以是重视用户体验，可以是关注人性化，也可以是充分满足客户的需求。对行政人而言，提供足够有温度的服务，核心在于公司文化及预算配置。如果能用钱来解决，那便不是问题。所以，我们要解决的是在没有充足预算的情况下，提供"有温度的服务"的问题。

提供"有温度的服务"是有技巧的，我们将从 9 个方面展开。

1）构建案例库。每一个人都希望享受到 VIP（贵宾）式的待遇，让被服务者感到倍受重视，其实并不难，可能是保安的搭把手，可能是前台的微笑，可能是保洁阿姨的问候，也可能是食堂大叔多添的一块肉。行政部门对各种制度的墨守成规往往最容易打破这层温暖的体验，但制度的执行真的无法做到灵活吗？其实不尽然，我们可以将以往遇到的典型案例做成一个案例库，向行政团队说明哪些情况是允许的，哪些情况是可以通融的，哪些规定是底线，哪些规定是原则。很多企业学海底捞的服务不成功，关键在于没有把做主的权利给员工。

2）合理的简化流程。用互联网思维来看，"少即是多"的含义就是用最少的步骤或环节来满足客户的需求，如果运用得当，那么"少即是多"也是人性化的一种体现。比如，请保安帮忙搬东西，保安要请示保安队长，保安队长要请示物业经理，结果物业经理说这个不是我们的服务范围，那么员工的反馈可想而知。请保安帮忙搬东西真的需要如此复杂的流程吗？难道这不应该是我们提前设想到的情况吗？其实，在定期回顾复盘时，我们可以将这些共性问题的处理流程进行简化。可能有人会说这样不方便统计保安的工作量，但细想一下，对保安的工作评价真的是按照工作量来的吗？保安也是服务工作者，更合理的评价方式不应该是员工的反馈吗？

3）让员工有参与感。参与感是用户体验管理最重要的一环，让员工提出建议和意见，就会给人以被重视的感觉。允许员工提出建议和意见，并不代表这些建议或意见一定要被采纳，征集回来的建议或意见还需要有决策的过程，因为并不是每一个建议或意见都是合理的，难免会出现某些KOL通过提意见来"夹带私货"的情况。比如，有人提出公司进门的提示音不好听，建议将其换掉，这时我们需要评估合理性，同时我们要做的是给提出建议的员工鼓励，引导他们提出有价值的建议。

4）做出的承诺远比细节重要。基于此，我们需要检查所公布的服务内容和标准，是否有超出我们能力范围的情况。实现承诺，我们能获得信任，但如果没有实现承诺，这将有损我们的公信力。细节确实很重要，但过度关注细节反而容易让有限的资源被摊薄。以地面清洁这项工作为例，公司大堂的地砖需要天天清洁，但是办公室区域的地毯一个季度清洁一次才更合理；对于公司墙面清洁来说，平面处可以一个月清洁一次，至于接缝的地方，只要不是反差太严重，半年清洁一次即可。

5）在服务、流程或 SOP（标准化操作手册）的设计中，从"以我为中心"调整为"以用户为中心"。我们曾见过一些部门的员工行为规范和标准，通篇是对员工提出的要求以及处罚的举措，这样的规范标准缺乏指导性。我们更推荐的方式是采用表格样式来呈现具体的操纵步骤，这样不仅对员工行为的指引更有效，而且多了一份善意在其中。

6）沟通能力是培训的重点。对行政人来讲，沟通能力是基础的能力，最容易引起客户反感的情况也常常是因为沟通不当。我的团队曾有一位专业能力非常强的行政主管，对他不熟悉的人都反馈很难跟他打交道，主要原因就在于他不善言辞，而且沟通时表情冷漠、情绪低沉。这样的行政人，就算能力再强也只能安排他做部门内部的工作，让他参与跨部门的协作很可能会引起一些不必要的麻烦。

7）制定奖惩制度。员工如果对工作没有热情，就很难在工作中形成自律和责任感，那么如何来调动团队服务的热情呢？制定合理的奖惩制度能够有效地持续提升团队的能量，当然，初次制定奖惩的规则和制度，可以通过团队内的公开讨论不断优化调整，但要设法执行下去，如果执行不下去或经常进行特殊处理，奖惩制度便很容易失效，这个时候就需要改用精神激励的方式了。一套有效的奖惩制度，往往会比培训更高效地帮助团队持续成长。

8）责任到人、及时反馈、不断优化。员工投诉后未收到反馈、服务方与被服务方争执不休，往往是矛盾激化的主要原因。通过不断完善"责任到人"的机制，可以有效避免矛盾，配合及时反馈和构建案例库等措施，将会使行政人的工作更加顺畅。

9）将自己的本职工作做到极致。在思考如何提供更温暖的服务前，你必须保证常规工作井然有序和保质保量地开展。将服务程序化、步骤细化，才能避免重复出错，这是进一步提高服务质量的前提。

思考题：
你所在的公司提供过"有温度的服务"吗？具体有哪些？为什么说这些服务是有温度的呢？

第 2 章

行政人的迭代思维

从保守到小步快走

2.1 行政人的迭代思维工具箱

迭代思维应该是我们平时在不同场合的分享中说得最多的一个词了，我们结合实际的应用场景来介绍 6 个常用的思维工具，这些工具可以帮助我们快速掌握迭代思维的精髓，即快速地改进产品和体验，从小处着眼，不断微创新。这些工具包括以下几方面。

1）PDCA 循环。

2）5Why 和 5So 思维法。

3）福格行为模型。

4）TCO 模型。

5）DMAIC 工具。

6）KANO 分析模型。

2.1.1 用PDCA做好会议准备

问题：作为新人，入职后因第一次负责一场重要会议而紧张得整夜睡不着，有缓解焦虑的好办法吗？

对于行政人来说，负责一次会议、一场活动是家常便饭。紧张过度无非是因为有极大的不确定性，通过使用 PDCA 就能很好地提升对某项工作的把控度了。PDCA 由英语单词 Plan(计划)、Do(执行)、Check(检查) 和 Act(处理) 的第一个字母组成，PDCA 循环就是按计划、执行、检查、处理 4 个阶段，循环不止地进行全面质量管理的程序。PDCA 能帮我们解决在会议中最担心的以下 5 个问题。

1）不知道如何开展或达到什么样的要求？

2）不知道问题会发生在哪里？

3）谁负责什么事情，该如何检查？

4）现场出问题怎么办？

5）如何将接待过程标准化？

PDCA 中的 P 就是 Plan（计划），解决了"不知道如何开展或达到什么样的要求"的问题。从产品思维来看，明确需求是第一要务。想要明确需求，需要将其拆分为 3 个部分：目标（Object）、实施计划（Plan）、收支预算（Budget）。从这 3 个角度去和领导沟通并制订计划会更加顺畅并取得成果。

例如要组织一场战略会，你需要和领导确认要达成的目的是什么。是宣导、讨论，还是团建。确认了目的，才能配套相应的行程、流程等可以用来审核的内容；有了行程和流程，才能做更加精准的预算。

在明确需求之后，紧接着就是 D，即 Do（执行）。在这个阶段需要设计方案和落地布局，我们需要依据行程表将物料、负责人、检查点、供应商的工作任务以及自己的工作任务，先完整地列出来。这样就能解决"谁负责什么事情，该如何检查"的问题了。

在制定以上工作清单的过程中，需要与每块内容对应的负责人沟通，了解他们的个人能力和风格，评估可能会出现的问题，做到心中有数。比如，当采购物料的负责人接到我们安排的工作后却迟迟没有动静时，我们就要留意了，除了增加检查点和每天确认进度外，还需要标注这个环节可能会出现的问题。这样一来，我们便解决了"不知道问题会发生在哪里"的问题了。

接下来是 C，即 Check（检查），也是 Communicate（沟通）、Clean（清理）、Control（控制）的融合与统一。以组织一场活动为例，如果我们能够预演和到现场查看一遍，远比我们进行一场讨论会有用。

拿着你的计划表、工作表或行程表（什么名称都可以，以下简称总控表），到了现场或者模拟现场，邀请几位关键人物，如提供会议场所的场地供应商（会务公司或酒店等）、主持人、礼仪，最好还有你的领导。按照总控表的整体流程彩排一遍，过程当中遇到的挑战、故障、阻塞，或者需要调整的都记录下来，现场沟通解决方案，进而更新总控表。如果发现总控表上有部分流程不合理，该调整的地方就调整，该删除的地方就删除。最后根据彩排结果，更新控制点和检查点。

这里的要点是不能完全相信场地供应商的承诺，所有问题要给出具体的解决方案，而不是感觉差不多或者全权放手给场地供应商。这样一来，"谁负责什么事情，该如何检查"和"不知道问题会发生在哪里"这两个问题就能得到 90% 的有效解决了。那么，剩下 10% 的问题就是突发情况了。有效处理突发情况需要做好预案，如现场讲师发挥失常、有人晕倒、设备突发故障、电脑死机等。对于突发情况，我们可以让场地供应商提供他们日常工作中经常遇到的问题，再结合我们自己曾遇到的问题，列个清单，逐一准备解决方案和安排负责人，这样一来，现场出差错的概率就能大大降低了。

最后是 A，即 Action（行动，对检查的结果进行处理）、Aim（按照目标要求行事，如改善、提高）。对于会议这类技术含量低、服务要求高的工作，人是关键性因素，有可能出现的风险是：负责人安排得很完善，但执行人完全不按照规划进行，毫无章法。除了我们输出的文字内容要能让人看懂外，更重要的是考核！无论在现场排练，还是在日常会议中，多提问，多核验，相关人员自然能提高警惕。同时，要敢于杀鸡儆猴，如果有人阳奉阴违，一定严惩不贷，甚至及时换人，避免将问题遗留到现场。

在此之后，你要将自己的成功案例写下来，整理成表格、流程、清单等，形成一套SOP，通过日常会议和持续PDCA的过程来优化流程和更新标准，让出错的概率越来越低。构建和使用SOP就是为了避免出错，本书"2.2.2 如何设计行政指标体系"介绍了一种接待流程，可作为会议接待的SOP来参考。

思考题：
你用PDCA做过会务的准备及优化吗？具体的收获是什么？

2.1.2 5Why和5So思维法

5Why（为什么）思维法指的是通过多问几个为什么，来帮助自己发现事情背后的深层原因。

5So（所以）思维法指的是通过连续追问和设想，来帮助自己预想后续可能发生的情况。

首先，举个例子来帮助大家理解什么是5Why思维法。

场景：你在检查本月电费时，发现有2台空调的耗电量在近期明显增加，于是找来维修工询问原因。

1Why：为什么这两台空调的耗电量最近明显增加？

维修工说他们找不到原因，空调供应商检测后说是空调的换向阀关闭不严导致的。在天气不热的时候，空调负载不大，看不出异常，但现在天气变热，空调负载上去后，只能靠增加功耗来弥补，所以耗电量就上去了。

2Why：为什么换向阀会关闭不严？

供应商初步怀疑是介质有杂质，堵住了弹簧。他拆装后发现的确是杂质的问题，将其清洁后换向阀就关严了。

3Why：为什么介质里面会有杂质？

供应商认为是过滤器的问题，可能是过滤器被堵住了。拆开过滤器后，发现的确是这样的问题，于是对其进行了清洁处理。

4Why：为什么过滤器会堵住？

供应商觉得可能是接口或管路老化导致出现杂质，也可能是在加装介质的时候没有正确操作，混入了杂质。经进一步检查，接口和管路老化的可能被排除，大概率是加装介质的时候出的问题，毕竟这两台机器不是由官方售后加装的介质。

5Why：为什么不选择官方售后加装介质？

维修工反馈，去年加介质的时候，使用官方售后需要排队，而且价格较高，所以在请示了物业经理后，请街边维修门店的师傅加的介质。

追问到这里，其实已经从空调耗电量高的问题，溯源到了维护保养操作不规范的本质原因了，那么后续我们就可以对维护保养环节有针对性地加强控制，以避免类似的问题再次发生。

通过这个例子大家可以看出，5Why 思维法是指针对一个现象，连续追问多次为什么，直到找出问题的本质原因。这里面的"5"，并不是指一定要追问 5 次，而是指根据具体情况，连续追问多次，直到本质。

接下来，我们再举个例子，帮助大家理解 5So，如本文开头所述，5So 的精髓是通过连续追问和设想，预测后续可能发生的情况。举个例子：

你去自动取款机取钱，机器突然出现故障，把你的钱吞了。尽管你非常着急，但你还是要想办法解决。

1So：你的钱被吞了，所以应该去找银行。

银行客服回复你："明天早上会进行处理，请您明天下午再来银行对账。"可是，现在你着急用钱，你开始继续想办法。

2So：如果是自动取款机多给钱了，银行会重视吗？（设想提问）

于是你给银行打电话，说："自动取款机正在连续吐钱。"客服回复你："10分钟后就有人来维修。"

我们可以看出，5Why思维法和5So思维法都是通过不断深入思考，找到更好的结论。而这两种方法一个是追溯过往，一个是面向未来。其实两种思维法都只是网状思维的一个点，在现实中，往往需要5Why和5So相互配合一起解决问题。

比如，一个事业部的负责人向你抛来橄榄枝，你很心动，认为转岗的时机到了，并且相当沾沾自喜。你知道公司最近业务不景气，这个事业部作为公司的新业务，领导很重视，甚至曾在人前人后都说过，公司未来的发展全靠这块新业务了，以至于整个公司从上到下都很看好它。于是，你开始考虑是否真的要转过去。

几天过后，你觉得自己已经想清楚了，便准备去找领导汇报转岗的事情。在茶水间接水的时候，你听HR的同事说昨天新事业部的招聘和入职都被暂缓了。说者无心，听者有意，你有了新的考虑。

1Why：新事业部为什么要停止招聘和入职？

新事业部既然是领导的"心头好"，目前正在大力投入资源，招聘和入职不会无缘无故地停止的。

1So：所以，背后可能的原因是什么？

新事业部的业务情况可能没有想象中那么好，甚至很可能已经达到了领导的止损线，所以现在才要先把招聘和入职给停掉。

2Why：为什么事业部的负责人会在内部找人转岗呢？

很可能那位事业部的负责人已经收到了相关消息，但目前业务扩展需要人员，公司不让外部招聘，所以只能在内部试试，如果有人愿意转岗的话，还有放手一搏的机会。

2So：所以，现在转岗过去很可能是下岗。要如何确认这件事的真实背景呢?

　　你决定大范围地打听一下，发现很多同事都接到了橄榄枝。你借着闲聊的机会，和领导说起这件事情，领导说，这个事业部很可能要解散了，毕竟亏损太厉害，而且外部同类型的业务还没有成功的先例，甚至这个事业部的负责人都可能会被裁掉。

　　最后，你做出选择自然就是不转岗了。

　　关于 5Why 和 5So，本质上都是思维方式，需要我们多想多问，当我们把两者结合在一起时，就促成了所谓的敏感度了。

┃思考题:
┃请结合一个具体案例，使用5Why和5So进行分析。

2.1.3　用福格行为模型改善开会迟到

　　问题：会议迟到情况严重，有好的解决办法吗?

　　对于开会，有些人享受，有些人抗拒。想要改变一个抗拒开会的人的行为习惯，并不容易。帮助项目组成员在工作中养成良好的行为习惯，是项目经理的职责之一。有个基础的方法论来自《行为设计学：打造峰值体验》，它阐明了形成一个行为习惯的底层逻辑。其核心是福格行为模型，它以 B. J. 福格（B. J. Fogg，斯坦福说服力科技实验室主任）的名字命名，表明一个行为之所以发生，是因为行为者首先需要有进行此行为的动机和操作此行为的能力。接着，如果他们有充足的动机和能力来施行既定行为，他们就会在被诱导或被触发时产生此项行为。

　　㊀　希思 C，希思 D . 行为设计学：打造峰值体验 [M]. 靳婷婷，译 . 北京：中信出版集团股份有限公司，2018.

该模型的关键点就是动机、能力和触发。

动机是行动的意愿，也就是项目经理常说的痛点。

能力是行动的便捷性，也就是项目经理常说的"如丝般顺滑的用户体验"。

触发是行动的提示，如通过点赞、积分、优惠券等方式，提高用户的打开频率。

如果用一个公式来整合以上三者，那么呈现便是：行为 = 动机 + 能力 + 触发。

福格行为模型提出，只要动机、能力、触发这三个环节中的任何一环被打断，那么行为就不会发生。接下来，我们一起来看如何运用福格行为模型来改善行为。

举个例子，很多人喜欢在卫生间里"刷手机"，而且经常一刷就停不下来，以至于双腿发麻。为什么很多人一坐马桶就会长时间"刷手机"呢？因为这是一个长期形成的习惯，很多人起床的第一件事就是拿手机关闹钟或看时间，当拿到手机后，就不自觉刷了起来，刷着刷着也就习惯带着手机去卫生间了。根据福格行为模型，坐在马桶上"刷手机"这件事，消除动机实在太难，一方面上厕所的时候会比较无聊，另一方面网络上有无数的"爽点"和"痒点"会诱惑我们拿起手机。因此，我们便只能从触发和能力这两点上想办法。解决办法其实并不难，具体如下：

1）手机上不设置闹钟，用钟表代替手机来看时间和设置提醒，这样减少了触发点和触发机会。

2）把手机放在其他房间或不显眼的位置，如果我们想要"刷手机"，就必须特意去拿，增加"刷手机"的行动障碍。

3）卫生间减少可以随手放手机的装置，这样一来，给自己增加了行动障碍，从而减少了行动的意愿。

再举一个例子，我们希望养成多喝水的习惯，最好的办法就是在桌面上放一个透明的水壶，这样一来，我们每次看到它，就是一个"触发"时刻。只要增加触发的机会，我们就会增加主动喝水的次数。进一步来讲，我们也可以从"能力"上想办法，如在冬天我们准备一个保温杯垫，保证我们随时可以喝到温水，这样便大大降低了冬天喝水的行为难度。

从实操的角度看，在应用福格行为模型时，我们不要只是在动机上使劲想办法，还要能够在触发和能力这两个环节发力，这样才能真正做到事半功倍。

我们再回到本章节开头的例子。公司开会，总是有人迟到怎么办？如果我们按照常规的思路，想要先从员工的动机去解决问题，在处理上就很容易"上纲上线"，接着可能会延伸到员工的职业道德问题，甚至最后演变为对员工人品的质疑。

当我们从行为模型的角度来解决问题时，我们更应该从触发和能力这两个环节进行分析。从触发的维度来看，要检查员工是否收到开会提示？是否可以多设置几次提醒？是否可以拉群提前公布议题？是否有专人跟进这次会议？从能力的维度来看，是不是我们选了一个不合适的时间（有会议冲突、与公司重大项目冲突）？是否有部门领导不支持员工参加这次会议？通过排查，才能消除这些影响员工准时开会的能力障碍。

思考题：
你在改善会议迟到的问题上，采取了什么措施或做了什么努力吗？反馈如何？为什么？

2.1.4　TCO模型在行政部门降本增效中的作用

问题：基于成本因素的预算控制，有相关模型可供学习吗？

TCO，即总体拥有成本，是一种帮助组织来考核、管理和削减在一定时间范围内获得某项资产相关联的所有成本的模型。这些资产可能是厂房建筑、交通工具或软件系统。TCO可以被描述为资产购进成本及在其整个服务生命周期中发生的成本之和。TCO绝不等同于资产购进产品，它还包括资产购进后运营和维护的费用。TCO是一个采购常用的成本管控的模型，在行政领域使用这个概念来进行成本控制分解确实不常见，但对希望精准定位、降低隐藏成本，并优化流程、提高员工效率的行政部门来说，TCO将是进行全流程管理的利器。接下来，让我们通过3个问题来对TCO进行展开说明。

问题1：什么是行政成本？

行政成本是指为了达成行政KPI所产生的费用支出，包括但不限于空间费用、人员费用、维护费用等。行政成本还包括存货成本，即购买价款、税费、运输费、保险费、折旧费以及其他可归属于存货的费用。需要注意的是，在对行政成本进行分解时，需要单独考虑进项税，如果公司是一般纳税人，则不用考虑进项税额；但对于小规模纳税人而言，需要将进项税额包含在行政成本之中。

就行政成本而言，产品本身的成本还可以分为制造费用、直接人工和材料成本。以行政部门采购桌椅为例，扣除税费、运输费、保险费等费用后，其制造费用占20%～30%，直接人工占5%～15%，材料成本占50%～70%。通过对这些因素的细分，才能更好地做成本控制，乃至预算控制。

问题2：TCO的计算公式是什么？

TCO 没有业内公认的统一计算公式，但有一个业内认可的计入范围的计算方式：TCO= 采购总成本＋到货成本＋供应商绩效成本＝购买成本＋安装成本＋财务成本＋佣金＋能源成本＋维修成本＋升级成本＋转换成本＋培训成本＋支持成本＋服务成本＋维持成本＋安全成本＋生产力成本＋风险成本＋处理成本等。对于具体的产品或服务，需要根据其属性来进一步界定成本。比如，采购的是设备，就需要将维修成本、升级成本、安全成本及处理成本等类别考虑进来；采购的是保洁服务，维修成本、处理成本等类别就不用考虑了。

问题3：TCO如何建模？

说到 TCO 的建模，就不得不提到价格分析，价格分析是成本管理的"浅层"分析阶段。它不需要建立成本模型，主要采用的方法是"比价"。为了便于理解，这里需要先说明几种主要的采购模式，包括招标采购、比价采购、定位采购、成本核算采购、移库采购、分配采购、现金采购和反季节采购等。比价采购是用得最多的采购方式，也是价格分析的主要方式。

如果是金额较大或合同周期较长的产品供应或服务提供合同，则有必要使用成本分析。比较常用的分析方式是目标成本法，即基于产品的组成结构以及供应链上各种作业活动对目标成本进行分析，从而设定合理的目标成本。这里就涉及定义成本要素、获取成本数据、建立成本模型、跟踪并调整成本模型等事项。

对于大部分的行政产品或服务，TCO 往往包含以下成本数据：COGS（直接材料＋直接人工＋制造或服务费用）、GSA（服务的非直接成本，包括项目管理、差旅、非直接人工等，总务、管理及销售费用）、税前利润、取得成本、使用成本、生命周期成本等。

这些成本数据很难从供应商处获取，因为如果行政人掌握了这些成本数据，那么压缩供应商的利润就成了信手拈来的事情。为了解决这个问题，对于小企业的行政部门，可以通过比价或选择大的采购平台，进而选择相对合理的价格，避免纠结这些费用的问题。对于中大型企业的行政部门，则可以通过与供应商建立战略合作伙伴关系，签订包含合理利润的采购合同，来设法获取一些相对保密的成本数据。当然，如果实在难以拿到这些成本数据，那么我们可以在大项目采购时，从多家供应商的报价清单中分析行业成本情况（也就是逐项对比，分析差异和原因），就算只是获取了部分数据，这些数据对建立模型也同样有用。

最后是建立成本模型。对于大金额采购项目和签订了长期合同的产品或服务，无论供应商能否充分地提供数据，无论采购人员是否专业，无论价格是否被压到了最低，行政人都应当尽可能地建立成本模型。

成本模型不是为了压低供应商的价格，而是为了帮助我们理解产品的成本结构，从而在遇到相关的挑战时能够做出有效回应。比如，在需要削减成本时，知道削减的成本对最终交付的影响。建立成本模型的方法有很多，一般是先建立一个基础成本模型，后续再优化补充相关成本因素。假如表 2-1 是我们负责采购和管理的某设备的基础成本模型。

表 2-1 某设备的基础成本模型

序号	成本要素		比例（%）
1	主营业务成本	直接材料	46
2		直接人工	18
3		制造成本	10
4	管理费用		20
5	税前利润		6
合计			100

有了基础模型以后，我们很容易根据其中某项已知的成本推算出其他部分的成本数据。例如，我们可以通过拆解某个产品，从而推算其直接材料成本，再根据它在成本结构中的比例来推算其余成本要素的数值。以某设备为例，某供应商的报价单显示直接材料成本是3200元，我们基于基础成本模型，就可以推算出其他各成本要素的数值，表2-2展现的便是根据某设备的基础成本模型所推算的各成本要素的数值。

表2-2　某设备的各成本要素

序号	成本要素		比例（%）	成本（元）
1	主营业务成本	直接材料	46	3200.00
2		直接人工	18	1252.17
3		制造成本	10	695.65
4	管理费用		20	1391.30
5	税前利润		6	417.39

基于这个数据与其他供应商报价的对比，我们就能为下一步的合理议价做准备了。

成本模型要求我们持续对模型进行调整和优化，比如我们采购的设备中大量使用铜，在铜价飞涨的情况下，我们就需要对这个成本模型进行调整。尽管不一定同意供应商的调价申请，但我们需要知道供应商到底亏了多少，亏在哪里。

同样的道理，类似铜、不锈钢这样的大宗商品，我们可以参考国际大宗商品的价格曲线，并将之作为调整曲线（需要加上一定的时间余量，期货价格调整一般不会立刻影响终端价格，对签订了长期合同的设备而言尤其如此）。对于成本模型，还有其他可调整的方式，比如直接人工成本可以与供应商所在地的劳动力成本指数相关联。

行政部门做成本模型，不是要抢采购或内控等部门的活儿，而是在公司整体降本增效的过程中，要求行政部门做更加专业的工作，从而体现行政人的价值和专业性，同时也让降本增效这项举措更加有效。

思考题：
请结合一个具体案例，使用TCO模型进行分析。

2.1.5　从虚拟案例看如何利用DMAIC工具降本增效

问题：如何在工作中应用六西格玛来进行降本增效呢？

六西格玛中关于成本管理的工具叫 DMAIC 工具（DMAIC 是六西格玛管理中流程改善的重要工具）。六西格玛管理不仅是理念，也是一套业绩突破的方法。它将理念变为行动，将目标变为现实。DMAIC 是指 Define（定义）、Measure（测量）、Analyze（分析）、Improve（改进）、Control（控制）5 个阶段构成的过程改进方法，一般用于对现有流程的改进，包括制造过程、服务过程以及工作过程等。通俗来讲，就是按定义、测量、分析、控制这 4 个步骤进行成本分析及管理。举个简单的例子，某公司餐厅运营成本较高，行政部门决定针对餐厅运营成本使用 DMAIC 工具进行改善。

第一步：定义

在定义阶段，我们的主要任务有以下 5 个。

1）确定项目的目标和范畴。

2）确认项目的顾客及顾客的关键质量需求。

3）导出项目的关键质量需求和项目所影响的核心商业过程。

4）定义缺陷，定义缺陷机会（每个产出单位中出现缺陷的数量）。

5）表述项目章程，建立项目小组。

为了做好以上 5 个任务，首先我们需要研究餐厅运营成本涉及的流程。餐厅的运营核心是质量控制，包括服务质量和产品质量。我们按照六西格玛管理的规范，餐厅运营成本按照传统成本模型进行分类统计，即把餐厅运营成本分为预防成本、鉴定成本、内部损失成本和外部损失成本，可用公式呈现为：餐厅运营成本 = 预防成本 + 鉴定成本 + 内部损失成本 + 外部损失成本。

1）预防成本：有关企业预防不良产品或服务发生的成本，包括计划与管理系统、人员训练、品质管制过程，以及对设计和生产两阶段的关注，为了减少不良品产生而发生的种种成本。

2）鉴定成本：为维持既定的质量标准必须确认产品质量，而发生的成本。

3）内部损失成本：产品在出厂前由于发生品质缺陷而造成损失，以及为处理品质缺陷所发生的费用之和，如废品损失、返工损失、停工损失、产量损失等。

4）外部损失成本：在销售和使用中发现产品缺陷而产生的由制造企业支付的一切费用的总和。（对餐厅运营而言，则是在发生投诉或事故后，由行政部门或餐厅运营商支出的成本。）

预防成本和鉴定成本被称为符合性成本，内部损失成本和外部损失成本被称为不符合性成本。在财务统计时，餐厅总运营成本为财务统计的一级科目；预防成本、鉴定成本、内部损失成本、外部损失成本为二级科目；每个二级科目下面都会分为具体的三级科目，进行分类统计。

基于这些基本概念，我们结合案例就可以试着对发现的问题进行定义。比如，行政部门统计的 2020 年度餐厅总运营成本数据，见表 2-3。

表2-3　2020年度餐厅总运营成本数据

项目	金额（元）	占总运营成本比例（％）	占餐厅总费用比例（％）
预防成本	23 761	15.39	0.64
鉴定成本	87 302	56.56	2.36
内部损失成本	12 652	8.20	0.34
外部损失成本	30 646	19.85	0.83
总运营成本	154 361	100.00	4.18
餐厅总费用	3 692 490	—	—

观察这些数据本身，我们发现不了哪里有问题，因为好与坏的标准并不能直接从这些数据看出来，我们需要通过参照行业平均水平来发现问题。比如，我们通过调研得知，某个和我们公司体量、用餐人数及用餐标准接近的企业，其餐厅总运营成本占销售额的比例为2.1%。那么，我们在参考其他公司情况与咨询六西格玛管理领域的专家意见后，将餐厅总运营成本构成比例基准设定为：预防成本：鉴定成本：内部损失成本：外部损失成本 =1∶4∶0.7∶1.5。（这步是后续一切的关键，重点是行业平均水平，而不是某家企业的情况。）

我们通过调取内部数据，发现本案例中的总运营成本占销售额比例为2.58%，比行业平均水平高2.3%，且实际餐厅总运营成本构成比例大约为：预防成本：鉴定成本：内部损失成本：外部损失成本 =1∶3.67∶0.5∶1.3，与基准之间也有差距。至此，我们就发现了餐厅运营中的成本问题，也有了具体的改进方向。总结一下，我们把项目的范围设定为某公司餐厅总运营成本占总费用比例的改进及内部构成的优化，具体目标参照行业基准。

第二步：测量

在测量阶段，我们的主要任务有以下几方面。

1）导出对业务流程质量的影响点和具体要求。

2）根据这些流程的标准来评估现有的核心业务流程，找出差距。

3）开发流程数据收集计划，确定缺陷和度量的类型。

4）找出造成这些缺陷的所有可能的原因。

我们主要的研究对象为公司的餐厅总运营成本，因此，需要掌握所有影响总运营成本的相关数据。根据"总运营成本 = 预防成本 + 鉴定成本 + 内部损失成本 + 外部损失成本"，我们需要对餐厅总运营成本下面的所有二级科目及三级科目的数据都进行收集。这些数据可以直接调用财务部门已有的统计数据，见表2-4。

表2-4　餐厅总运营成本二级及三级科目分类汇总

二级科目	三级科目	金额（元）	小计（元）
预防成本	培训费	9703	20 262
	活动费	4325	
	评审费	6234	
鉴定成本	绩效奖金	3499	90 801
	人力成本	23 354	
	日常消耗品	31 298	
	水电煤物料	22 306	
	设备维修维护	6719	
	外包服务费	3625	
内部损失成本	报废损失费	5125	12 652
	二次生产损失	2009	
	物料损失费	3837	
	事故调查费	1681	
外部损失成本	客户索赔	1400	30 646
	退货损失费	6456	
	外部罚款	22 790	

第三步：分析

在分析阶段，我们的主要任务有以下几方面。

1）分析收集的数据和流程图，识别造成缺陷的根本原因。

2）确立解决根本问题而达到目标水平所需要的运作指标。

3）提出初始的解决方案。

有了以上收集的数据，我们就可以对影响总运营成本的因素进行具体研究和分析了。为了降低总运营成本的占比，我们要分析造成总运营成本偏高的原因以及结构化的问题。从表 2-4 的数据看，鉴定成本和外部损失成本为总运营成本的主要贡献因素。我们用柱状图对不符合成本（内部损失成本和外部损失成本）进行分析，得到图 2-1 所示的结果。

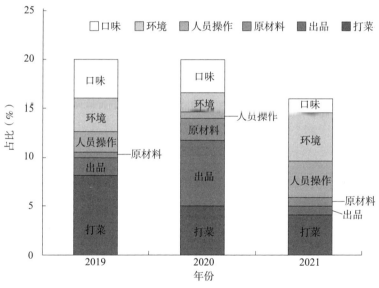

图2-1　客户投诉分析

从图 2-1 的结果，我们可以直观地发现，打菜这个问题引发了最多的客户投诉。通过调用相关数据，确认打菜是花费大量成本的主要原因。那么，我们结合表 2-4 可以看出，日常消耗品（31 298 元）占较大比例，其次为人力成本（23 354 元）和水电煤物料（22 306 元），三者合计达到符合性成本（预防成本 + 鉴定成本）的 67%。对符合性成本进一步分析发现，由于餐厅运营的特殊性，消耗品的使用量比较大，且在就餐人员数量一定的情况下，后厨和帮工人数很难降低，所以需要花费更多费用。

第四步：控制

在控制阶段，我们的主要任务有以下几方面。

1）设计监督机制。

2）收集计划的开发数据和执行数据。

3）通过制定或优化 SOP 来更新流程和相关的制度要求。

4）通过系统和组织的修正，使改进之处制度化。

应用以上工具，我们对餐厅总运营成本偏高的原因进行了剖析，正如《麦肯锡意识：提升解决问题的能力》[⊖]一书中所言："当你发现问题时，解决方案就已经在你桌上了。"

后续的主要工作就是对其中的关键影响因素进行控制和改善，也就是将系统中的不利因素消除，发掘有利因素和改善点。

最后做一个总结，对于行政部门而言，使用 DMAIC 工具不是为了追求降低高额预算和成本，而是在使用工具分析的过程中，更好地追溯问题的源头，发现数据背后隐藏的真相，从而在改善管理的同时，更好地降本增效。

┃思考题：
┃请试着使用 DMAIC 工具分析你所在公司一种需要降本增效的产品
┃或服务，并分享具体分析过程。

⊖ 拉塞尔，弗里嘉. 麦肯锡意识：提升解决问题的能力 [M]. 龚华燕，译. 北京：机械工业出版社，2020.

2.1.6 KANO分析模型

问题：在进行产品需求分析时，常常很难区分需求的重要度和紧急度，以至于各需求优先级的排序缺少依据，那么重要度和紧急度的评估有行之有效的方法吗？

对任何产品或服务进行评估时，需求扎堆是常态，因为一个细节，可能会使整个项目组多番论证哪一个需求对用户最重要，新服务用户是否会满意。但是，开发新产品或服务的资源是有限的，这时先做什么后做什么的重要性就显现出来了，排序不应该是靠"拍脑袋"定出来的，而应该是通过一个客观的分析模型确定下来的。我们需要一种从用户需求出发，通过梳理用户需求层次及需求优先级，进一步判断需求实现对用户影响程度的分析模型。这里有一个合适的经典模型——KANO分析模型。KANO分析模型是东京理工大学教授狩野纪昭(Noriaki Kano)发明的、对用户需求分类和优先级排序的有效工具，它以分析用户需求对用户满意的影响为基础，体现了产品性能和用户满意之间的非线性关系。通过使用KANO分析模型对产品或服务进行系统梳理，可以有效地提高需求分析的效率。

下面通过一个简单的案例来说明过程。

1. 需求分类

KANO分析模型将需求划分为必备型、期望型、魅力型、无差异型、反向型五类，分别以英文字母M、O、A、I、R表示。

必备型需求（M，Must-be Quality）：需求被满足时，用户不会感到满意；需求不被满足时，用户会很不满意。

期望型需求（O，One-dimensional Quality）：需求被满足时，用户会感到很满意；需求不被满足时，用户会很不满意。

魅力型需求（A，Attractive Quality）：该需求超过用户对产品本来的期望，使得用户的满意度急剧上升；即使表现得不完善，用户的满意度也不受影响。

无差异型需求（I，Indifferent Quality）：需求被满足或未被满足，都不会对用户的满意度造成影响。

反向型需求（R，Reverse Quality）：该需求与用户的满意度成反向相关，满足该需求，反而会使用户的满意度下降。

2. Better-Worse系数

在 KANO 分析模型中，Better-Worse 系数表示提供或消除某功能 / 服务，对用户满意度提升或降低的影响程度：

Better 系数 =（期望数 O+ 魅力数 A）/（期望数 O+ 魅力数 A+
必备数 M+ 无差异数 I）

Worse 系数 =-1×（期望数 O+ 必备数 M）/（期望数 O+ 魅力数 A+
必备数 M+ 无差异数 I）

Better 系数越接近 1，表示该需求对用户满意度提升的影响效果越大。

Worse 系数越接近 -1，表示该需求对用户满意度造成的负面影响越大。

这里以某公司 SSC（共享服务中心）窗口提供的产品计划为例：该产品将进行版本升级，增加一些新服务和产品功能，行政经理收到了来自人事、行政、财务和 IT 部门提交的服务和产品功能更新说明文档，为了确定哪些服务和产品值得更新且有利于提高效率，要在 SSC 不增加人手的情况下，通过数据来说服各个想增加服务或产品功能的部门，行政经理决定通过 KANO 分析模型进行需求分析。

第一步：调查

一般在进行 KANO 模型分析前，需要进行用户调研。通常采用矩阵量表的形式让用户对功能进行正面和负面评价，评价分为 5 个程度："我很喜欢""它理应如此""无所谓""勉强接受""我很不喜欢"。在搜集到所有用户评价后，行政经理再对数据进行清洗。

第二步：处理数据

基于各项功能，将用户的需求类型进行分类，以其中一项功能举例，数据呈现为：功能 1 的无差异型（I 型）人数占参与功能 1 调研人数的 48%。接着进行 Better-Worse 系数的分析，Better 指增加某功能后提升的满意系数：Better=（O 占比 +A 占比）/（O 占比 +A 占比 +M 占比 +I 占比）。计算结果越接近 1，则表示实现该功能后，对用户满意度提升的影响效果越强，满意度提升越快。Worse 指消除某功能后用户的不满意系数：Worse=-1×（O 占比 +M 占比）/（O 占比 +A 占比 +M 占比 +I 占比）。计算结果越接近 -1，则表示消除该功能后，对用户的满意度下降的影响效果越显著，满意度下降越快。

根据公式，分别算出各个功能 Better 系数和 Worse 系数的绝对值，以 Worse 系数绝对值作为 X 轴，以 Better 系数作为 Y 轴，以均值作为中心点，绘制四象限分布图。最终根据数据和各项功能在四象限中的分布位置来决定需要新增的服务或功能。有了数据支撑，我们在具体讨论的时候，就能使各项功能按照优先级进行排序，更容易达成共识，避免争执。

┃思考题：
请结合一个具体案例，使用KANO分析模型进行讨论。

2.2　通过案例了解迭代思维

学习了工具后，我们再通过以下 4 个高频问题的解决案例来分析迭代思维在行政工作中的应用：

1）如何更好地将头部企业的经验落地？

2）如何设计行政指标体系？

3）如何设计行政活动？

4）如何设计行政类产品或服务？

2.2.1　如何更好地将头部企业的经验落地

问题：如果贵公司学习了头部企业的诸多经验，但依旧觉得自己的运用不接地气，有什么方法可以更好地将这些经验转化为能力呢？

对于这个问题，常规的方式是运用组织诊断的方法论，如麦肯锡的 7S 模型、韦斯伯德六盒模型。但对于行政人而言，无须用这样复杂的模型也能解决问题，行政人可以运用组织诊断三部曲：搭框架、找差距、做优化。这个模型对于非 OD（组织发展）人士更加简洁和友好。

第一步：搭框架

在这里分享一个框架模型——一致性模型（见图 2-2），即组织结构、进程、战略、人员和文化之间的一致性。它采用洋葱结构，主要由内外两层组成，内圈是组织的内部环境——风气、士气和文化，外圈则是影响组织内部环境的利益相关群体。

我们用这个模型分析与头部企业的差距，并设法在落地时只需要关注内圈即可。如果我们帮其他公司行政部门做分析，那么内外圈的分析就都要做了。

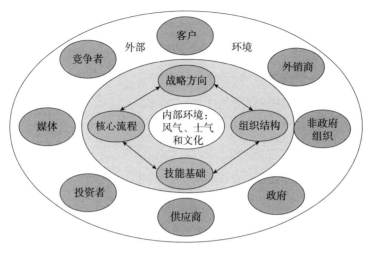

图2-2　一致性模型

内圈的 4 个关键指标如下：

1. 战略方向

1）如何创造价值？

2）短中长期的主要工作是什么？

3）如何配合公司战略落地？

2. 组织结构

1）组织结构是怎样的？

2）为什么选择这样的组织结构？

3. 核心流程

1）核心流程有哪些？

2）流程交互关系是怎样的？

3）这些流程如何与公司其他流程相互影响？

4）为什么这些流程会成为核心流程？

4. 技能基础

1）是否构建了各个岗位的胜任力模型？

2）为什么需要这些技能？

3）这些技能如何习得？

第二步：找差距

在找差距前，要先清楚找差距的"基准"，就是找到哪些指标和方针导致了与头部企业的差距。一般来讲，找"基准"的过程分为两步：首先是对标（即与标杆进行对比），通过对标找到差距、筛查风险；其次是找问题，并提供解决方案。

在找差距的时候，首先要清楚目的或目标与公司及部门的战略方向是否一致（如果不一致，贸然优化相当于做无用功），接着要找出我们需要的组织结构和核心流程，以及让流程顺利执行下去团队所需的技能。同时，找差距的过程也是识别风险的过程，去头部企业一般看到的都是成品，我们更应该重点关注它们失败的地方，从而让自己规避类似的风险。

找差距就是从前面提到的战略方向、组织结构、核心流程和技能基础这四个维度展开。从战略方向上来说，要落到行政实操上，比如为了完成关键绩效指标，配置了哪些资源，以及这样决策的原因是什么。基于这些信息，再结合自己团队的实际情况进行对比。

在组织结构上，有些行政管理者在参观了头部企业后，会有立刻优化组织的冲动，显然这是操之过急的。我们需要先评估目前的各个团队和流程要素，如果它们是和谐共存的，那便继续评估核心流程；如果它们是杂乱无序的，那就是没有将合适的人放在合适的位置上，需要进行组织调整，让合适的人做合适的事情，从而助力核心目标的实现。

在核心流程上，流程的本质是将信息、知识、技能转化为可行的产品或服务、新知识或想法、一系列具有关联性的活动。评估一个流程是否为核心流程，可以从生产效率、流转时效、过程可靠性及最终成果对部门的价值等方面来综合评估。比如资产登记流程，就是生产效率低、流转时效高、过程可靠性高、最终成果对部门价值低的流程。

最后就是技能基础，如果要落地头部企业的举措，可以通过构建团队的胜任力模型来评估团队是否具备了头部企业的技能基础。组织评估的范畴一般包括隐性知识（擅长处理什么事情，有哪些基于经验的知识，有哪些基于专业的知识）、显性知识（学过并且能运用的知识）、嵌入性知识（流程、规则、习俗、道德规范等以标准化文件嵌入的知识）、跨界知识（多元化视角、跨学科知识）。

通过技能基础的对标，找到自己团队和对标团队之间的差距及其原因：是技术的差距、做事方式方法的差异、能力的差距，还是平台支持因素不同。基于此，再来判断头部企业的行政人是如何满足内部客户的需求和期望的，或者说在胜任力模型中有哪些因素能让他们成功。

第三步：做优化

前两步已经打好了基础，在最后一步"做优化"，我们回到几个简单的问题：

1）从对标来看，我们战略的优势和劣势分别是什么？

2）在相同的资源下，我们能否具备与对标企业相同的价值？为什么？

3）如果套用头部企业的某个方案，短期内我们面临的最大挑战和机遇分别是什么？中长期的最大挑战和机遇又分别是什么？

4）我们团队在胜任力、价值观、动力、工作导向、团队归属感、互信上还有哪些差距？如何追赶？

5）为了追赶头部企业，我们需要落地哪些举措？

这就是组织诊断三部曲。其实想要把头部企业的先进经验落地并不难，不是照搬照抄，而是需要把头部企业的优秀经验与本公司的文化和实际相结合，从而产生更加适合本公司的具体措施。

思考题：
如果现在需要将某头部企业的行政操作规范在公司内部落地，你会如何规划？

2.2.2　如何设计行政指标体系

问题：每年制定KPI和OKR（目标与关键成果）指标的工作总让很多行政人头痛不已。若直接照搬上年的指标，则难以体现其价值；若推陈出新，又担心达成率是不小的挑战。所以，按照本年度的公司目标拆解出部门指标成了最为稳妥的选择。那么，既要符合企业目标的大原则，又要对具体的工作有所改善，要如何找到或制定合适的指标呢？

所有的解决方案都应基于需求分析，但做需求分析往往需要很长的时间和相对复杂的过程，对于制定行政指标，有没有成熟的方法论可以使用呢？基于开展咨询工作的实践，有3种方法能够有效帮助我们制定行政指标，即针对工作流制定指标、针对具体模块制定指标、针对KOL制定指标。需要说明的是，这里的指标指的是我们用来评估工作成效的参考维度。

方法一：针对工作流制定指标

这里我们可以使用 OSM 模型，通过将公司的指标进行逐一拆解，并落到各业务部门可执行、可度量的行为上，从而保证执行计划没有偏离公司的大方向。OSM 模型的 3 个核心维度是业务目标（Objective）、业务策略（Strategy）、业务度量（Measurement）。

以一个具体的接待流程为例，我们按照 OSM 模型进行指标制定。

1）业务目标：用户使用这个产品的目标是什么？

这里的用户有两类——内部用户和外部用户，所对应的需求分别为内部用户的接待需求和外部用户的接待需求。以内部用户的接待需求为例，目标是邀请或接受参观，建立行业影响力。

2）业务策略：一致性。

3）业务度量：根据策略来制定指标，基于 OSM 模型，其指标分为结果指标和过程指标。

结果指标。结果指标是指用来反映某些业务产出或结果的指标项，通常是延后显现的，很难进行干预。结果指标通常用于监控数据是否异常，或者反映某个场景下用户的需求是否被满足。

过程指标。过程指标是指用户在做某个操作时所产生的指标。我们可以通过策略来影响过程指标，进而影响结果指标。过程指标通常更加关注用户的需求为什么被满足或未被满足。

为了选取指标，我们需要提前分析指标的维度，而指标的维度需要结合业务场景或者业务流程来确认。比如，现在公司有一套接待流程，如图 2-3 所示。

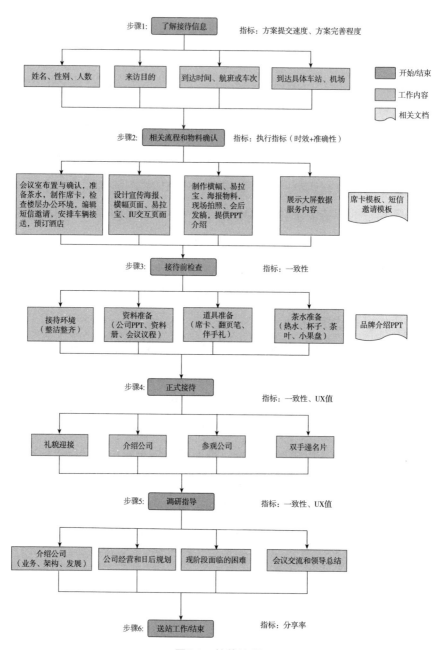

图2-3 接待流程

有了这样一套业务流程，我们便可以开始进行指标分级的工作了。指标分级主要是将指标拆解为不同层级并逐级分析。选取指标需要先根据企业战略、企业组织及业务进行自上而下的分级，再对各层级指标进行拆解（类似 KPI 分解的过程），最后结合 OSM 模型来确定指标。

一级指标：战略层指标

战略层指标对公司而言是用于衡量公司整体目标完成情况的指标，对部门而言是部门重点目标完成情况的指标，而对具体业务而言，则是衡量该项业务完成情况的指标。一般的一级指标在某个阶段有且只有一个固定指标。比如接待工作的痛点在于执行中容易脱离接待方案，影响最终的接待效果，为了改善这个情况，就可以将"一致性"定为一级指标。比如，某平台考核供应商的核心指标之一是 UX 值（反映用户体验的一组定量数据点），这个 UX 值就是一级指标。

二级指标：业务策略层指标

为了达成某项业务的一级指标，我们需要将一级指标拆解为该业务各主要环节的核心指标，类似图 2-3 中，在每个步骤都设置了一致性指标或其他指标。以一致性指标为例，我们可以对该步骤进行一致性检查，如果每个步骤中的各个二级指标的检查结果都符合标准，那么一级指标势必能够完成。二级指标的作用与业务策略是密切相关的，并且设定好二级指标后，如果一级指标出现问题，我们也能快速定位问题所在。

三级指标：业务执行层指标

同二级指标对于一级指标的意义一样，三级指标是各业务节点的具体工作展开后制定的指标，比如图 2-3 中，"接待前检查"环节的二级指标"一致性"，我们可以将其拆解为 5 个三级指标来明确具体的准备动作，比如接待环境一致性、资料准备一致性等。三级指标可以用来定位二级指标的问题。但是，在实际工作中，一般只有在特别复杂的工作中才会将指标拆解到三级，因为这样做对人力的消耗巨大。

通过以上 3 个层次的拆解，基本上这项业务的控制点、控制指标就列明了，这让该业务在工作流上的分析或优化都有据可依。

方法二：针对具体模块制定指标

以一家准备做资产管理改革的公司为例，该公司是一家产品驱动的互联网公司，在全国有十多个办公室，员工人数在 8000 人左右，主要以 IT 类资产为主。该公司希望对固定资产管理指标进行改革，以提高固定资产管理效率。以往，该公司主要采用软件后台管理的方式进行日常巡检，资产调拨、抽盘或年度盘点时则安排部门内的资产协管员进行协助，每年根据绩效考评情况给予资产管理员及资产协管员现金奖励。本次改革固定资产管理指标的目的是量化资产协管员及资产管理员的实际贡献，从而进行有针对性的激励。本次改革固定资产管理指标不涉及 HR（人力资源部）的考核方式与评价体系的调整。

本次制定新的固定资产管理指标，我们从 3 个步骤做起。

第一步：梳理需求

1）梳理核心信息：改革、量化。

2）需求数量：15 名一级部门资产协管员与 2 名资产管理员（行政人员及 IT 人员各一名）。

3）关键词：量化、实际贡献。

4）关于需求的其他或补充信息：有针对性的激励。

第二步：分析需求

1）根据需求描述审题：该公司处于业务瓶颈期，管理层开始重视内控，对资产管理而言，需求从满足资产快速增长兼顾资产安全，转变为做好资产的合理使用、调配，加强库存资金周转，同时提高资产安全性。

2）需求者目的分析：需求方希望通过设置合理的量化指标来衡量资产协管员及资产管理员的实际贡献，这背后隐藏的可能是对目前的绩效考评与现金奖励措施不满。

3）根据分析完整描述需求：需求方因资产管理的核心需求发生调整，希望通过设置合理的量化指标来衡量资产协管员及资产管理员的实际贡献。同时，行政部门在设计相关指标时，务必要做到数据客观、有依据、能量化，优化主观考评带来的问题，避免调整绩效考核指标后可能发生的反弹。

第三步：细化实施步骤

1）明确需要的资源：设立新指标需要用到的公司业务数据，以及同行业公司的对标指标。

2）涉及人员：资产协管员、资产管理员，以及人事、行政及财务人员。

3）进度计划：计划在2023年度年终资产盘点时投入使用。

4）审批流：根据公司相关规范安排审批流，提交审批流前与涉及人员提前沟通。

5）内测：相关指标需提前进行测试，以便调整出更合理的指标范围。

通过以上3步，我们就能制定出更贴近需求的指标了。

方法三：针对KOL制定指标

以一家公司的设备日常运营为例，我有一位负责园区管理的行政人朋友，居高不下的空调投诉率让他相当头痛。这类问题应该从何入手呢？在排除设备问题后，如何定位到人呢？我们可以通过数据交叉分析将关键人找出来，在日常数据统计和分析时增加一项"人的维度"，以便能有针对性地解决问题。整合后的信息见表2-5。

表2-5   设备日常运营记录表

序号	设备	类型	位置	功率/kW	使用日期	使用时间/min	耗电统计/kW·h	设置温度/℃	该区域投诉	投诉人	投诉部门	室外气温/℃	附近立柱测温点温度/℃	备注
1	风机盘管	空调	3F-06-2	5	4月1日	320	15	26	无	无	无	25	27	无
2	风机盘管	空调	3F-06-2	5	4月2日	120	10	22	1人投诉冷	小王	客服	25	23	本周第二次投诉冷
3	风机盘管	空调	3F-06-2	5	4月3日	133	12	25	无	无	无	23	27	无

根据表2-5，一方面，我们可以通过数据分析将空调温度控制在合适的范围内；另一方面，面对投诉，我们可以将思路转变为从解决设备问题到给特定的人提供定制化服务，也就是提供"有温度的服务"。

各行各业都在如火如荼地开展数字化转型，而行政的数字化转型在本质上和财务数据化、HR数据化、CRM（客户关系管理系统）、采购管理系统的数字化转型没有太大区别。行政的数字化转型和HR的三支柱、工资薪酬自动计算系统、一卡通、一网通办、自助办理平台等一样，都是为了解决输出价值与人力成本之间，或行政部门效能与公司整体发展之间矛盾的创新举措。简单来说，公司规模扩大和业务持续增长倒逼行政部门必须提高效率、降低错误率，所以行政的数字化转型势在必行。所有为了满足该需求而设定的指标，都是为了更好地进行过程控制和成果产出。

┃思考题：
┃你目前的行政指标是如何设置的？

2.2.3　如何设计行政活动

问题：行政部门组织的活动是不是属于"自嗨"？在没有奖励的情况下，如何保证公司员工对行政部门组织活动的参与度？

在员工人数庞大的公司中，如果部门间交互少，那么跨部门的同事基本上算是陌生人，甚至可能隔几个屏风的同事互相不认识。这种现象其实也是一种机会，可以从员工的日常互动入手开展活动。

构建企业文化也好，开展行政活动也好，其基础需求就是让职场"活"起来，也就是让同事们在职场上建立起互动的"邻里关系"，从而提升他们的工作能力与热情，进而提升工作质量与效率。但我们经常遇到以下两种挑战：

1）参与者冲着奖励而来，活动现场热闹红火，但活动结束后热潮迅速平息，难以达到预期的活动目标。

2）活动未设置奖励，行政部门作为活动主办方忙前忙后，但同事们并没有参与的热情，一场活动似乎变成了一次展览。

所以，我们要让一场活动从同事们的互动中自然而然地生长出来，而行政人则在这个过程中起到助推的作用。

举个例子，公司里有几位同事爱好登山，于是主动成立了登山社。这时候，行政部门不仅邀请了专业的登山老师给登山社成员做指导，给登山社提供相关设备，还在登山社成员户外登山时提供后勤支持。在一次登山活动中，登山目标会有几个不同的高度，但没有人愿意选择较低的目标，而实际上很少有人能到达山顶。出现这种情况，主要是因为登山的人不够多，于是行政部门协助登山社宣传活动，吸引了越来越多的人报名，最终形成了一个社会性的活动。出乎意料的是，这次活动演变成了公司品牌形象的建设工作，远远超出了原本的设想。这个社团成员之间的关系也不再只是普通的同事关系，他们是一起战胜困难、一同面对挑战的"战友"，是拥有共同爱好的朋友。

行政人在此期间做了什么呢？表面看似乎并没有做什么，但其实行政人作为幕后推手发挥了重要作用，让这个社团自己真正成长了起来。尽管这样的成功案例并不多见，但对行政人而言，在公司员工日常的互动中默默地推一把，说不定也能产生与这家公司类似的结果。员工自发组织的活动要比行政人发起的活动员工参与度高，这并不是行政人的苦恼，因为我们是可以把它转化成机会的。员工的参与感对活动的成功开展有非常有力的助益，有时候行政人只需要推一把，就能数倍增强员工的参与感。

思考题：
你最近做过哪些提前预设了参与感的活动？你的收获是什么？

2.2.4 如何设计行政类产品或服务

问题：想系统地学习产品经理所应具备的知识和思维，但书本上的内容大多是偏理论的，我们怎么才能拥有更易于理解和实操的产品思维呢？

产品思维是产品经理的基本思维模式，其实每个人都有自己独特的思维方式和惯用的方法论，这里我将通过一个案例来分享我的产品思维。

这是一个关于卫生间的案例，部门的需求是：想要一个干净的卫生间。

产品思维的逻辑分为5步，下面我们逐项展开。

第一步：分解关键需求，明确需求目的、了解使用场景

表面上看是希望卫生间干净一些，实质上是为了满足员工如厕的舒适性需求，那么就需要打造一个舒适的如厕环境。所以，我们决定给部门打造一个新的、能提供舒适性的卫生间。以上就是我们在深入思考部门的需求后，找到真实需求，进而设计产品的过程。

需要注意的是，我们要问清楚目的和使用场景。当部门提出需求后，就要应用到本章所介绍的5Why和5So思维法了。比如，我们可以追问："您好，请问您为什么强调要一个干净的卫生间呢？"

部门A：我们部门在卫生间旁边，味道实在受不了。

部门B：我们部门女生多，卫生间不干净让人无法接受。

部门C：我们部门有痔疮的人多，蹲马桶的时间长。

到这里我们会发现，只有问出了使用目的，才能提供有针对性的产品或服务，这就叫基于场景设计产品。

于是，我们提供了满足对应需求的解决方案。

部门 A：更新排风，喷洒香水，安装风幕机。

部门 B：增加清洁频次。

部门 C：提供更舒适的坐便器。

到这里，我们只是解决了各部门的表层需求，还需要再深入考虑，仔细揣摩一下各部门的话。

第二步：挖掘部门的潜在需求和期望型需求

部门 A：想换个工位区。（再也不要闻卫生间的味道）

部门 B：想增加女卫生间的蹲位数量。（不要在卫生间内排队闻味道）

部门 C：改装智能马桶盖。（冲洗后更干净、舒适）

这时候，部门需求确实能够得到超出期望的满足，接下来就是设计产品了，但是我们忽略了一点，行政部门有能力支付这些成本吗？

第三步：匹配自身资源，满足部门期望

部门 A：没有合适的工位区给部门 A 换位，其他部门也不愿意换到卫生间旁边。

部门 B：如果要增加卫生间蹲位，那么改动太大，而年初预算未列支相关费用。

部门 C：改装智能马桶盖的成本较高，而且与部门 B 的干净需求存在差异。

综合来看，当没有做目标部门的背景调研时，我们不能着急启动设计和提供产品。当我们了解到部门的具体情况后，还想满足部门的期望性需求时，就需要盘点自身可利用的资源了。

第四步：合理评估自身资源，对期望型需求做减法

部门 A：年度办公区调整的时候，将卫生间附近办公区改为公共

区域，将其他公共区域改为办公区，让部门 A 搬过去。

部门 B：将男厕所的小便区独立出来，蹲位全部改为无性别的，增加单独的新风系统。

部门 C：没有渠道或预算来解决部门 C 的需求（改装智能马桶盖）。这个部门的期望，行政部门无法满足，这时候就需要再拆解需求。

第五步：借助运营、沟通、折中等操作方式，满足部门的需求

先将需求拆解为以下两方面：

1）使用智能马桶盖是为了提高如厕后的舒适性。

2）是否有其他代替方案。

现在我们就可以看出是有其他代替方案的，简单的做法就是增加独立的、提供温水的冲洗喷头，同样可以实现提高如厕后的舒适性。

总结一下，做产品或服务设计的步骤如下：

1）分解关键需求，明确需求目的、了解使用场景。

2）挖掘部门的潜在需求和期望型需求。

3）匹配自身资源，满足部门期望。

4）合理评估自身资源，对期望型需求做减法。

5）借助运营、沟通、折中等操作方式，满足部门的需求。

思考题：
请试着用本章所讲的5个步骤对一个具体的服务或产品进行分析。

第 3 章

行政人的社会化思维

3.1　"我"的社会化思维

社会化思维指的是利用社会化工具、媒体和网络，重塑企业和用户的沟通关系，以及组织管理和商业运作的方式。从"我"的角度看，行政人需要关注的是向下管理、向上管理以及职场人设的打造。本节将通过案例来进行分析：

1）向下管理：下属不服管，怎么办？

2）向上管理：碰到"巨婴"领导，怎么办？

3）职场人设要如何打造？

3.1.1　下属不服管，怎么办

问题：现在的职场年轻人好难管，给前台安排工作，前台居然直接在工作群里表示拒绝，我该如何应对？

我听过一段话，对现在的职场人不服管的原因或者心态描述得比较到位：

1）工资无法满足温饱，还干得累死累活，我只想应付考核。

2）踏踏实实干活，出了问题却相互甩锅，我只好释放自我。

3）烂摊子从没人管，前方路途迷茫，我何必主动担责。

4）工作随时能找，你是领导又如何，我只为自己高歌。

我们来看一位前台的案例，这位前台当时的税后薪资是 5500 元 / 月（工资＋绩效＋补贴）。在上海，这样的薪资的确不算高，去掉租房、吃饭和通勤开支，一个月基本攒不下钱。后来，这位前台跳槽去了同幢大楼的另一家企业，税后薪资涨到了 7000 元 / 月。凑巧的是，那家公司的行政部门负责人我刚好认识，他反馈说这位前台的工作表现不错，从来没有出现不服管的行为。

很多行政管理者感慨，想要找一位靠谱的下属得靠运气。其实我们要知道，这是"一分价钱一分货"的事情。如果下属出现问题，我们要将问题分类处理，不能只拿自己的标准去要求下属，在没找到根本原因的情况下，就算对下属施加再大的压力，他很可能也难以达到我们的标准。

面对"问题下属"，我们要分析以下 3 种情况：

1）有裙带关系的员工：识别他们的优势，发掘他们擅长的能力，为他们定制工作内容，而不是一味地施加压力，否则在没弄清楚具体情况前，会对我们自身的职业发展带来负面影响。

2）资深员工：了解他们以往的工作情况和个人风格，判断他们是否有追随自己的意向，是否有做出良好业绩的能力。如果他们有做到以上两点的潜力，就可以通过引导或培训去帮助他们成长。如果他们在现有的岗位上外强中干，我们就应该寻找机会，将他们请出团队。这时候，我们不需要过多犹豫，犹豫的结果很可能会让我们陷入无尽的麻烦。

3）新入职的员工：首先立好规矩，为他们负责的工作制定明确的标准和交付时间，若能够胜任工作则可以留下来，若不能胜任工作便尽快让其离开团队。

面对下属不服管，不必惊慌，我们只需要快速找到根本原因。如果是因为沟通不到位，便尽快沟通；如果是因为工作安排不合理，便调整工作内容。如果我们做了以上这些动作，还是无法服众，下属依旧抱团不服管，也不用着急。因为我们掌握着人事权，就算下属抱团，他们的关系也是十分脆弱的，只要我们找到并处理了"刺头"，便可以一招制敌。当然，最理想的情况是处理好与下属的关系，避免下属不服管的情况发生。

同时，我们不能对下属抱有过高的期望，只要下属能按要求保质保量地完成工作，不影响团队积极的氛围，就是胜任工作的。当然，培养自己的追随者是所有管理者迈向卓越领导之路的必要项，这样的下属不仅能够在工作上超出我们的预期，也能在团队管理上为我们规避许多风险。

思考题：
你是如何防止团队下属出现"不服管"的情况的呢？

3.1.2　碰到"巨婴"领导，怎么办

问题：在与领导配合工作的过程中，我发现他总是忘记我反复提醒的事项，而且完全抓不住工作重点，对重要的事情完全不在乎，对琐碎的小事却常常很上心。我的领导就是一个"巨婴"，我该怎么办？

这样的情况，你是否碰到过？我们千叮咛万嘱咐的事情，结果领导一回头就忘记了。我们觉得特别重要的事情，领导压根儿不在乎，问题出在哪里呢？

第1种可能：这是概率最小的一种情况——领导的能力有欠缺，抓不住工作重点。遇到这种情况，我们先别着急认定是领导的能力不行，我们需要先厘清关键的事实，以免对领导的能力有误解。因为能做到领导的位置上的人大概率是有管理能力的，很少会出现因为能力不足而表现得像"巨婴"的情况。如果我们真的不幸碰到这样的领导，

稳妥的做法是凡事留好证据，凡事多通过正式的渠道进行沟通。在深入了解领导的行为风格后，搞清楚领导的偏好，比如是喜欢早请示，还是喜欢晚汇报？是希望我们在 Outlook（微软公司出品的电子邮件软件）日历中帮他设置会议提醒，还是希望我们在企业协同办公工具（如钉钉）中给他发送会议邀请？用领导习惯和喜欢的方式来支持他的工作，避免给他留下我们工作能力差的印象。

第 2 种可能：领导官僚作风严重，喜欢通过指挥或要求下属重复做一些基础性的工作，从而满足自己的控制欲。这种情况并不少见，每个人的应对也会有所不同。我的建议是我们应该为了自己而工作，而不是为了迎合领导。如果我们喜欢自己的工作，那就努力把它做好，我们要在成就事业的过程当中成就自己。

第 3 种可能：我们并不清楚领导的核心工作和重点任务。从精力分配的角度来讲，很多领导不会将精力分配在不重要的事务上，他们的时间也十分宝贵。我们不能期望提前一个月发给领导的工作计划表，他在一个月后还能记得上面的细节。我们能掌控的是，提前预约领导的时间，并通过类似 Outlook 这种领导常用的办公软件为他设置好议程提醒，再以提前一周、提前一天、提前一小时为节点分别提醒他重要事项与细节内容等，以避免他漏掉重要工作。每个人都有自己的核心优势，也有自己不足的地方，我们需要了解领导的优劣势，并及时为他做好辅助工作。要注意的是，千万不能将领导当作小孩子，否则领导将感受到不被尊重，这个度我们需要把握好。

第 4 种可能：领导正在将我们边缘化。如果领导想要"清理"掉一个人，他会让其负责无法创造核心价值且会占据大量时间和精力的工作。比如，领导给一位员工安排了新的岗位，但该岗位的工作内容非常琐碎，如果这位员工在新岗位上三年的成长都比不上在原岗位上一年的成长，那么他就应该注意了。对我们来讲，如果领导给我们安排了高频次、本职工作范围外、低价值的工作，我们要及时与领导沟通并了解领导的想法。如果我们识别到自己确实正在被领导边缘化，那么就要尽快做好"骑驴找马"的准备了。

第5种可能：作为新人的我们，缺少与领导的充分沟通，导致领导不放心将重要的工作安排给我们，其实是我们误会了领导。新人在入职后，首先面临的往往是适应性问题。如果我们不知道如何与领导沟通，其实可以向第三方借力（需要提前确认这位第三方与领导没有间隙）。招聘我们的人事经理就是一位很好的第三方，因为人事经理一般会尽力做好新员工入职初期的支持工作，并且在新公司的第一个月是我们可以通过人事经理从侧面建立领导信任的最佳机会。就沟通而言，我们不用担心在领导面前说错话，试着换一个角度看待我们和领导的关系。我们与领导充分沟通，是为了把工作开展得更好，是我们在帮助领导更好地完成他的工作。

思考题：
如果你碰到了"巨婴"领导，你会如何应对

3.1.3　人际关系好但存在感低，怎么办

问题：我明明已经很努力地在公司建立和维护人际关系了，但依旧觉得自己的存在感不高，该如何改善呢？

所谓存在感，是指我们身上能够吸引别人的、与众不同的特质。而职场的存在感建立在工作能力过关这一基础上，工作能力过关才能真正让别人注意到我们，无法忽视我们的存在。我们的工作能力至少达到平均水平，人情世故才能给我们的存在感加分。如果我们缺乏核

心能力，就算再怎么懂人情世故、再如何会察言观色，也无法给我们带来太多的加分。职场上所有的附加值，都要以我们有能力为企业、部门及领导创造价值为前提。

当你意识到自己的职场存在感低时，我们建议你至少做好以下6件事。

1. 关注自己的成长

我们工作不是为了取悦领导和同事，而是为了将工作转化为价值。千万不要为了工作而工作。如果一份工作无法让我们有收获或成长，我们就需要考虑是否要调整自己的工作了，毕竟工作的黄金期就是毕业后的十多年，我们不能让眼前的安逸和安稳给耽误了。

2. 学会请功

很多行政人不是没有能力，而是在做成事情后，不擅长把自己的成绩讲出来。他们总是埋头苦干、默默奉献，坚信"是金子总会发光的"。但在实际中，往往是"会哭的孩子有奶吃"，吃亏的常是老实人。我们不是凡事都要去跟大家讲一讲，而是要让大家看到我们在所完成的工作上的付出、辛苦和价值。对外沟通，我们要能放得开，不卑不亢；对内沟通，我们要会提出困难、争取资源，能屈能伸。

3. 把话说到点子上

有时候，我们会走进一个误区——为了表达清楚自己的意思，而将一件事情说得特别复杂。领导的时间往往十分紧张和宝贵，我们应直接说建议、原因和理由，不要兜圈子，不要让领导猜。比如，领导问："××部门的方案你觉得我们适合提出优化建议吗？"我们可以直接说不提建议更好，并把理由说清楚，然后请示领导的意见。比如，领导让我们去和供应商进行一场艰难的沟通，我们的回复应该是"行"或"不行"，"为什么行"或"为什么不行"，以及"如何解决"或"需要什么支持"。我们不能吞吞吐吐地表示为难，也不能跟领导兜圈子，而要把话说到点子上，用简洁的话表达清楚核心观点和结论。

4. 工作要坚持法律道德的底线，而不是个人原则

个人原则带有主观色彩，如果只要是与个人原则不相符的事情，我们就一概拒绝，那就是认死理了，也与公司招聘我们的初衷相悖。毕竟，公司招聘我们是为了解决问题的，大多数公司都不是慈善机构。举个例子，在分发资源的时候，上级领导已经提前打好招呼给某部门适当倾斜了，如果我们依旧要坚持自己的原则，那么我们不仅会得罪某部门，势必也会得罪自己的上级领导。

5. 用平常心看待职场中的不公平

世上没有绝对的公平，当我们切身遭遇职场不公平的待遇时，保持一颗平常心，才能让我们深入思考，想清楚哪些事情是我们寸步不能让的，哪些事情是属于锦上添花不用去过分争取的，从而有所为，有所不为。比如，如果我们发现某些同事有裙带关系，他们能够享受特殊的待遇，我们需要看清楚，对方是否损害了我们的利益？如果没有，我们不妨大度一些，没有必要表现得看不上他们，甚至去嚼舌根。

6. 不要越级汇报

不到万不得已，不要越级汇报。只有支持好自己的直属领导，自己才会好。一切越级沟通行为都是夺权行为，会引来直属领导的反击。越级汇报将是我们与直属领导关系破裂的开始。

> **思考题:**
> **如果你也意识到自己的职场存在感低, 你会如何应对?**

3.1.4　职场人设要如何打造

我的一位领导曾说过:"职场上人人都有面具, 我们希望呈现给职场其他人的面貌和待人接物的方式就是我们的职场人设, 面具戴得好就是所谓的职业化程度高。我们做人做事都是从自己的职场人设出发的。但人并不总是理性的, 职场人设常常带有个人情感色彩, 运用得好, 它才能激发人的情感动力, 从而实现正向循环。"

通俗地讲, 职场人设就是我们为了让用户对我们产生正面的印象而采取的一系列举措, 这些举措和我们其他的外在表现一起构成了我们在公司的个人定位和画像。打造自己的职场人设, 既能给自己确立进步的方向和行事的指南, 也能让同事们知道如何更好地与我们相处。

人设的本质就是贴标签, 这个标签可能是我们所在的岗位固有的, 也可能是我们平时为人处世带来的。大家为了方便认识我们, 记忆我们的能力范围, 就会用标签化的语言来形容我们, 这些标签化的语言集合后, 就成了我们的人设。

在职场上, 如果我们碰到一些值得信任的同事, 会用"靠谱""能力强""聪明""优秀"之类的词语来形容或表达自己的看法, 但其实这样的标签没有任何意义, 所有人都能套用, 它们属于基础性的标签。而在这个基础上, 为了体现我们的核心竞争力, 我们需要找到带有自己风格和特点的标签。

那么, 我们如何打造自己的差异化人设呢? 我们用源自营销领域的 AIDA 框架, 即吸引注意 (Attention)、引起兴趣 (Interest)、激发欲望 (Desire)、促使行动 (Action)。

　　举个例子，如果我们希望得到领导的信任，那么我们首先要让领导注意（Attention）到我们的存在。接着，我们可以在专业上或具体的工作中，让领导开始对我们产生兴趣（Interest）。随后，我们得在解决各类问题上不断成功，让领导觉得我们靠谱，开始对我们产生信任感，激发他的欲望（Desire）。最后，当遇到挑战性任务时，领导就会在行动（Action）上体现他的态度：信任我们并安排我们去处理。由此我们可以看出，职场人设的建立本质上就是个人品牌的塑造。

　　对行政人而言，除了上面说的"靠谱""能力强""聪明""优秀"这些标签外，我们还可以贴上哪些标签？可以是"专业"，也可以是"快准稳"，还可以是"温和"。那么我们应当如何做好自己的人设定位呢？

　　有个公式可以帮到我们：人设定位＝特长＋性格＋外在形象特点＋固定人物分类＋兴趣/职业。

　　我之前为朋友设计的人设就是根据这个公式来拟定的。她是一家公司的行政主管，我知道她是一个喜欢默默做事、错误率低、基础扎实、文静、喜欢为他人着想的女孩。在访谈中，我基于她的同事对她日常工作的反馈，提炼了以下关键词：

　　"交给你，我放心""有困难，就找你""善于总结""白衬衫＋黑裤子""有趣""精于实操""对外坚强，对内温柔"……

　　最后，提炼出的人设就是：亲切的专业大管家。

　　这个人设由多个子标签构成：

　　特长："靠谱"（交给你，我放心）＋"专业"（精于实操＋善于总结）。

　　性格："大家长"（对外坚强，对内温柔）＋"有趣"。

　　外在形象特点："职业化"（白衬衫＋黑裤子）。

　　固定人物分类："大管家"（有困难，就找你）。

　　兴趣/职业："行政主管"。

　　职场人设，能让别人更快地了解我们是什么样的人和我们想成为什么样的人。它代表着我们在公司的个人价值和核心竞争力（也就是在公司我们呈现给别人看的面具）。职场人设的本质是个人品牌，让别人能够记住正向的自己，这就是理想的人设。

当然，人设也是需要迭代的，根据面临的具体情境不同，我们的人设也需要及时调整。迭代时务必要遵循"人设的标签要符合你的能力圈"＋"逐步调整"的原则，不要过度偏离原来的人设，也不要什么流行就去追求什么，否则就不是人设，而是无所适从了。

思考题：
你在职场上的人设是什么样的呢？

3.2　"我们"的社会化思维

如果"我"的社会化思维属于初级阶段的话，那么中级阶段就是做好团队管理（我们）了。团队管理的基本逻辑是人性的管理，也就是借势，借力扩大自己的影响力，从而更好地管理团队。本章我们将通过以下工具并结合案例来进行学习：

1）用贴标签的方法来引导员工成长。

2）用心理契约来提高团队工作效率。

3）从 3 个维度来分析及解决团队执行力差的问题。

4）用游戏化思维来激活团队活力。

3.2.1　如何通过贴标签来引导员工成长

问题：最近学习了一种方法，即用贴标签的方法来帮助团队成员互相了解各自的特质。然而，这段时间我发现，直接用标签来定义一个人往往会产生以偏概全的后果。我发现一位一直被贴着"不善交际"标签的女同事，其实私下是个非常热心的人。我们应该如何改变这种情况呢？

在互联网时代，贴标签已经成为我们应对各类复杂事物的常用手段。比如：我们说某个人圆滑，言下之意是这个人特别擅长处理人际关系；我们说一个人特别强势，言下之意是这个人难以沟通；我们说一个人冷漠，言下之意是这个人很难打交道。给人贴标签是人在进化历程中形成的快思考方式，它是一种本能。当我们在给别人贴标签的时候，其实也是在用自己的方式快速解构一个人。

标签可以帮助我们在面对陌生人时，对其快速建立初步印象，但在团队中使用标签，反而会妨碍团队准确地认识彼此。比如，我们习惯性地认为前台应该热情大方、保安应该恪尽职守、领导应该专业果敢、SSC（共享服务中心）的同事应该认真严谨。但这样去贴标签会让我们陷入一个误区，认为一个岗位只有一种最好的工作方式。

当我们陷入这种有局限性的误区时，贴标签这个动作就成了偏见。以一位认真、严肃的前台举例，难道前台就应该是整天笑眯眯的吗？不见得一定要这样，一位认真、严肃的前台可以通过细致地处理好每一个细节问题，去影响他人，获取认可，这种特质将成为这位前台独有的优势。标签只能反映人的某些方面，而不能代表一个人的全部。贴上了标签之后，我们还需要更多地去了解彼此，发掘彼此的闪光点，实现更好的协作。

如何正确地贴标签呢？首先我们要明确一个原则：给他人贴正面标签。贴正面标签不是为了表扬一个人，而是鼓励他向某个方向发展。因此，我们应该避免使用形容词，而是要使用动词。具体要怎么做呢？

举个例子，我曾参加一家公司的年会，在现场发现这家公司行政团队中有一位女生的表达能力很好，个性也很开朗，很适合做主持人。然而，她的上司（我的朋友）却告诉我，他们对这位女生的印象是性格腼腆，总是在台后。于是我向朋友建议，把善于沟通和控场作为这位女生的标签。为了让这个标签发挥作用，只要有机会，我的朋友就会夸她一句："老许说了，你的沟通和控场潜力很大哦！"这样一来，团队不经意地就会给她更多实践的机会，她在这方面也越来越有自信。几个月后，当我再次来到朋友的公司，他很高兴地告诉我说："老许，你看人真准，上次你说××善于沟通和控场，还真没错！前几天公司举办了一场活动，原定的主持人因身体不舒服无法上场，你猜怎么着？我们让××上去救场，结果现场效果特别好。"我们回想一下，如果我们当时给这位女生贴的标签是安静沉稳、细致周密的话，能达到现在的效果吗？显然不会。

所以，挑选和使用正面标签是很有学问的。作为管理者，在充分了解下属之后［可以通过 DISC 个性测试来深度了解下属，DISC 个性测试是国外企业广泛应用的一种行为风格测验，包含支配性（D）、影响性（I）、稳定性（S）、服从性（C）这 4 个测量维度］，我们应该问自己：我想鼓励他往哪个方向发展？这个方向就是我们可以考虑给他贴上的标签。在团队管理上使用标签时，目的要非常明确。贴标签的目的是创造一个环境，引导团队成员往正确的方向努力。需要注意的是，我们需要把表扬和鼓励分离开来，贴标签是为了鼓励，而不是表扬。

我们可以贴负面标签吗？负面标签可以贴给自己，用来作为人际冲突缓冲带，从而建立安全范式。

举一个使用负面标签给自己建立安全范式的例子。我有一位朋友他的脾气非常急躁，遇到一点冲突就很难控制自己的情绪，尤其是在团队管理上，他对此十分苦恼。于是他找到我，希望我能给他提供一个行之有效的解决方案。当我发现无法彻底改变他的脾气秉性后，我建议他先坦诚地承认和接纳自己的这个缺点，然后再慢慢去寻找系统支持以减少发脾气的频次和降低发脾气的激烈程度。当他给自己贴上一个不善人际、常常不经意得罪人的标签后，团队伙伴反而更理解他了，甚至团队新人被批评后，还有资历深的团队成员去劝解新人："领导就是这么个脾气，对谁都一样，他不是针对你，不用往心里去，过几天他就会主动来找你沟通了。"

这就是通过使用负面标签重塑自己的人设，在自己和团队之间设立安全缓冲地带，也可以叫作心理预设，从而减轻某些负面行为带来的负面影响。

那么，怎样给自己贴负面标签呢？其实也不难。首先，负面标签要少，如果多了，那就不是标签了，而是在用性格缺陷或负面标签作为理由来逃避责任了。其次，要选择自己最容易呈现出来的，那些对自己、对他人影响最大的缺点。再次，要能准确描述出可能会发生的问题或情况。最后，如果真的发生了负面标签所代表的行为或事件，一定要记得道歉和善后。

对我来讲，我的负面标签是：碰到紧急的事情，容易急躁，如果对方没能跟上我的节奏，我很容易发火，但事后我又常常懊悔。为了缓解这种情况对我的团队造成实质上的伤害，我便反复向团队伙伴说明："缺乏耐心是我的最大弱点，尤其是面对重要紧急事件的时候。尽管我一直在努力改善，但是万一哪天我又因为着急而没有顾及你们的感受，请大家多包涵。"将具体的场景和情境描述出来，才能使我们的负面标签更容易被理解和接受，从而将坏事变成好事。

总结一下，将正面标签与负面标签结合起来运用，才能帮助我们建立一个鲜活的人设，更有利于让人快速了解我们，避免因第一印象不佳而带来一系列的连锁反应。

思考题：

你给下属贴过标签吗？效果如何？

3.2.2　如何提升团队工作效率

问题：如果我感觉团队的工作效率不高，但又说不出哪里出了问题，应该怎么办？

宝洁公司有一句非常经典的话：员工因为公司而加入，因为上级而离开。其核心是强调在员工管理工作中，直接上级这个角色很关键。上级和下属之间，除了领导与被领导的关系，还存在着这样一种契约：上级代表公司，需要了解和满足下属的需求；下属需要通过努力工作来作为回报。这种上下级关系，也被视为一种"用交易代替管理"的方式。如果员工能够意识到他其实是在为自己的需求而工作，而不是被动地为公司的要求而工作，他就不会存在"当一天和尚撞一天钟"的心态，上级也不用每天盯着他是不是迟到或者偷懒了。上级不用"管"他，他自己就会高效地投入工作。

在管理学上，"用交易代替管理"也被称为建立"心理契约"。做管理其实就是管理人性，为了建立有效的"心理契约"，我们需要让3类信息传导通畅：

1）知道下属想要什么。

2）让下属看到公司能给他带来什么。

3）让下属清楚上级对他的期望是什么。

（1）知道下属想要什么

你知道下属工作的目的吗？养家糊口？还房贷？为了实现个人价值？在管理上有句话叫因势利导，这里也可以理解为：下属的需求是什么，我们就可以据此设计管理策略。

我们用"马斯洛需求层次理论"来映照实际工作中的一些情况，就更容易理解了。为什么拖家带口的中年员工相对最稳定？因为他们需要养家糊口，其诉求是底层的生理需求和安全需求。这样的员工，一般会比较珍惜当前的工作，就算工作辛苦一些，他们也不会轻易离职。换一个角度来看，如果是一位家境优越的员工呢？大概率他的自我实现需求会更加强烈一些，如果上级没有跟他就工作价值形成共识，甚至在上下级关系上并不融洽，这位员工就很有可能会选择离开。同样的道理，常常有管理者说新生代员工越来越不好管理，其实根本问题不一定在员工身上，很可能是管理者不清楚下属真正想要什么。

在职场，30岁以下的年轻员工普遍重视个人成长，对一位有上进心的员工来讲，他不仅仅希望能胜任当前的工作，还有不断提升自身能力的需求。对于希望快速晋升的员工，如果管理者不给他提供更多的挑战和机会，他很可能会觉得自己的工作没有价值。从短期来看，一两次的鼓励和激励可能会有效，但长此以往，需求没有得到满足的员工终究会离开。

想要管理好富有上进心的新生代员工，管理者需要协助他们做好自己的职业规划。如果发现他们因为遇到了成长的瓶颈而导致工作状态出现波动，那么管理者就需要及时帮助其调整职业规划，或帮其把个人目标和当前的工作结合起来。如果暂时确实没有晋升的机会，除了从收入和发展两方面入手之外，管理者还可以从情感上切入，加强部门文化的建设，引导员工认可工作、获取成就感、拥有归属感。比如，我们建立家庭式的部门文化，就是为了让员工有归属感。当然，我们还能通过安排相应的工作，充分发挥这类员工的优势。

或许下属不会在一开始就对我们全盘托出他的真实需求和个人目标，甚至有可能下属自己都没想清楚。作为上级，我们可以通过日常沟通去发现和引导，我们不需要去评判什么样的需求是对的、什么样的需求是错的，我们需要做的是因势利导，利用好这些需求，让员工有效达成部门绩效和公司要求。

（2）让下属看到公司能给他带来什么

为什么很多人削尖了脑袋想进大型互联网企业呢？是因为工资高，还是因为福利好？这些都有可能，但真正能让人忍受住"996""007"这样的加班文化的，还是其背后的需求——平台好，发展好。

那么，中小型企业就无法吸引优秀人才了吗？除了公司品牌、薪资和职位外，我们其实还有很多牌可以打，比如完善的培训体系、跨层级的交流机会、独当一面做项目等。我们要清楚，作为上级，我们比下属更清楚公司有哪些资源可以为我们调动，让有潜力的下属了解这些信息也是一种有效的吸引策略。

上级对下属好，需要让下属清清楚楚、明明白白地知道。比如，我们让下属负责一个有挑战性的项目，如果我们一开始就跟下属厘清这个项目对他成长的有效性，这就是一种激励，下属将会更积极地投入这个"难啃"的项目中去。

（3）让下属清楚上级对他的期望是什么

这里的期望分为两种：

- 岗位的责任和意义。
- 所安排工作的具体目标及意义。

对于入职不久的新员工，很少有人能清晰地知道自己所在岗位的价值。如果我们想让新人尽快适应工作、融入团体、创造价值，那么在最初的一周，让其了解这个岗位的责任和意义就远比布置具体的任务更重要了。

对于老员工，为他明确岗位和意义同样重要。以布置一项具体的工作为例，我们是应该说"××，这个月的保洁满意度要提升2%"，还是说"××，目前部门的满意度在上月出现了下滑，我们通过分析发现问题出在保洁现场管理的环节。你作为部门的资深员工，我相信你一定能拿出一个有效方案，将本月的保洁满意度提升2%，让保洁服务焕然一新"？显而易见，应该是后者。这样的沟通方式，就是在帮助下属建立对这个岗位的责任感。当下属清楚岗位的责任与意义时，他自然会主动思考如何将工作完成得更好。

所以，我们应该成为一名"Y型领导"（该理论源自《企业的人性面：经典版》⊖，持有书中所说"Y理论"看法的领导者被称为Y型领导，其特点是对属下比较和蔼，且多依靠下属的自我管理），当下属达到或超出我们的预期，或者在工作上为我们提供了帮助时，我们有必要让其清楚地听到真诚的感谢。

做到了以上三步，我们就有了建立"心理契约"的基础。建立"心理契约"是一个循序渐进的过程，核心在于建立互信，而互信是需要逐步建立起来的。作为一名管理者，我们需要用主动积极的姿态去应对来自各方面的挑战，要了解下属并主动与其建立良好的关系，要让下属感觉到被尊重和被理解。

还需要注意的是，我们要对核心成员做好预期管理，如果下属因为受到表扬而洋洋得意，甚至骄纵自满，我们要在第一时间帮助他调整状态，越早帮他调整好预期，越能避免在后期造成误解和伤害。

总结一下，建立"心理契约"的标志就是：我知道你要我做什么，我也明确地知道我能得到什么样的回报。

建立"心理契约"的第一步，做"盖洛普员工敬业度调查"是一个不错的选择，你可以找机会对你的下属做一次匿名调查，来看一看

⊖　麦格雷戈.企业的人性面：经典版[M].韩卉，译.杭州：浙江人民出版社，2017.

团队整体的工作状态。以下是"盖洛普员工敬业度调查"的 12 个问题：

1）我知道公司对我的工作要求吗？

2）我有做好我的工作所需要的材料和设备吗？

3）在工作中，我每天都有机会做我最擅长做的事吗？

4）在过去的七天里，我因工作出色而受到表扬了吗？

5）我觉得我的主管或同事关心我的个人情况吗？

6）工作单位有人鼓励我的发展吗？

7）在工作中，我觉得我的意见受到重视吗？

8）公司的使命、目标使我觉得我的工作重要吗？

9）我的同事们致力于高质量的工作吗？

10）我在工作单位有一个最要好的朋友吗？

11）在过去的六个月内，工作单位有人和我谈及我的进步吗？

12）在过去一年里，我在工作中有机会学习和成长吗？

如果这 12 个问题中有 10 个以上的问题下属回答是满意的、积极的，那么恭喜你，你在下属心中是一位不错的上级；如果只有 8 个甚至更少的问题下属回答是满意的、积极的，那么你就要注意了，你的团队很有可能正处于被动工作的状态，你需要找到原因，尽快改善。

思考题：
请尝试用本节中的12个问题来对团队进行一次评估，找出问题并尝试给出解决方案。

3.2.3　团队执行力差怎么办

当我们察觉到团队执行力差时，是不是只能通过开展培训来解决呢？如果只是团队中个别人执行力差，那么很可能是个别人的能力问题。但如果是团队整体执行力差，那就是团队领导的管理能力出现问题了。许多行政人在成为管理者后，会面临从个人贡献者向管理者转型的挑战，这是一次从依靠自己完成工作到通过他人来达成目标的重要跃迁。作为一名管理者，最重要的职责就是把事情做对，带领团队更快、更好地达成目标。

所以，在面对团队执行力差这个问题时，我们需要聚焦具体问题找原因，而不是只在下属身上找原因，盲目地开展培训，甚至直接换人。

团队执行力差的原因一般有以下 3 种：

1. 指令不清或能力不足导致的执行力差

这可以分为：不知道干什么和不知道怎么干。

1）不知道干什么：管理者布置任务含糊不清，下属无法获得明确的指令，不知道具体要做什么或想要什么样的结果。

比如，在巡场的时候，我们看到一处地方清洁工作未做好，于是把负责这项工作的下属叫过来批评了一顿，但没有明确告知他具体问题是什么，以及我们希望他怎么处理。那么，就算下属接受了批评，也很可能还是无法达成我们想要的结果。

为了避免这样的情况发生，我们需要理解两点。首先，每个人看待事情的角度不同，我们认为下属应该能够理解我们的意思，实际上他们可能无法理解。其次，不能期望下属具备与我们相同的能力水平，否则就应该让他们担任管理者而不是我们。

"不知道干什么"这个问题应该如何解决呢？可以用减法来布置任务，以确认下属的理解能力边界。从详细的任务布置开始，逐渐减少其中的细节，直到确认下属理解的底线。比如，我们让下属撰写一份资产清单，可以先告诉他背景、需求、要求以及期待达成的结果，可以这样说："××，总部需要一份最新的资产清单用来核对资产台账，这是总部发的范本，需要按这个范本将我们的资产清单更新进去。在更新的过程中，我们要对资产进行一次初步盘点，避免交上去的清单有问题。这份表格要得比较着急，需要在 3 天后给我，有没有信心完成？"然后在他撰写初稿的过程中，通过不断校正以达成我们需要的最终成果。在以这样的方式布置几次任务，确认下属的完成情况没问题后，我们就可以开始用减法了，也就是只告知需求和结果，我们就可以这样说："××，总部要求按这个范本将我们的资产清单更新进去，3 天后给我，有没有信心？"如果这时他能够有效地完成任务，那么说明之前下属执行力差确实是因为不知道要干什么。

2）不知道怎么干：这是典型的能力问题，也是很多从大型企业转到中小企业的行政人经常面临的挑战。他们在大型企业做得很顺手的工作，到了中小企业却无法执行下去。这是因为不同员工的经历和实践不同，即使是智商和能力相同的两个人，一个人遇到过类似的任务，再次处理就会有方法可循，而另一个人从来没有遇到过类似的任务，自然就不知道该怎么做，我们光靠语言去解释是很难让他理解到位的。

- 解决这个问题的方法其实并不难，可以在项目开始前进行内部分工和培训，将项目拆解成最小单元，并将具体的任务分配给合适的人，同时确认每个人都能够完成自己的任务。如果有人表示无法完成或理解有偏差，那么你不能只给出宏观指示，而应该针对具体事项给予指导。

- 如果你自己也说不清楚要如何处理，怎么办？别着急，这种情况很常见，尤其是准备照着其他公司的案例依样画葫芦的时候，你需要找到外部专家来帮助你分析问题、梳理细节，并有针对性地帮你完成落地。

2. 沟通不充分导致的执行力差

有时候工作已经开展起来了，但干起来就是不顺畅，这通常是沟通不充分造成的。从我们的角度来看，我们不知道下属需要哪些支持，也不知道下属做到哪一步了。从下属的角度来看，他们担心直接反馈问题会被批评或责备，所以事情就很难做好。为了避免这样的情况，我们可以利用清单来管理日常事务和项目事务。

对于日常事务，可以在协同办公软件的共享表格中，以日、月和年为维度让员工将固定工作都写进去，并附上具体的 SOP 或流程说明（如果同一件事情在一年内做了 4 次及以上，就值得建立 SOP 进行标准化），这样一来，员工就知道每天、每月需要完成哪些工作，以及具体的流程和标准了，即使换人也不会影响工作的开展。

对于项目事务，可以用甘特图、总控表等工具进行分工管理和过程控制。

复盘是一种很好的正式沟通方式。作为管理者，我们不要马上下结论，而是让下属先说，互相讨论，多进行几次复盘后，下属慢慢就会勇敢、主动地表达自己的观点和建议了。

我们要学会使用三明治沟通法：先认可，后批评，再认可。管理者不能只靠威严来管理团队，就像管孩子一样，凶他或吼他并不是最有效的方式，长此以往，连凶和吼都会完全失效。作为公司的管理者，我们最终目的是解决问题和承担责任。因此，为什么不能学习三明治沟通法，让大家都心情愉悦地投入工作中呢？

3. 公司的绩效激励机制不合理导致的执行力差

如果是"干好了没好处，干错了没惩罚"这种情况导致的团队执行力差，那么我们需要在第一时间调整考核办法。我们可以将员工的一部分工资调整为绩效工资，也可以制定团队认可的绩效考核办法并执行，甚至还可以采取杀鸡儆猴等措施来激励团队。我们要把奖惩和个人业绩相挂钩，才能有效激活团队。

在具体的过程中，奖惩必须有理有据，而不是随意奖励或惩罚某个人，让奖惩变成一种随机事件。在进行奖惩的时候，我们要做好充分沟通，避免造成团队内部割裂。当然，如果你的目标是进行组织优化的话，则需要了解清楚员工在你这里工作的诉求：是求稳、过渡、混日子，还是攀关系？

最后，我们想说，团队管理没有捷径可走，它是一个循序渐进的过程，管理者和下属都需要时间去成长。执行力差这个判断往往是主观的，有太多的问题需要被识别出来。作为一名管理者，如果你想持续成长，就应该直面最本质的问题，并想办法解决好它们。

▌思考题：
▌目前你们团队的执行力情况如何？有何优化或改善的点吗？

3.2.4　激活下属小妙招

问题：作为一名行政管理者，面对每天按部就班、士气低迷、毫无活力的下属，要如何激发他的主观能动性呢？

通过绩效考核来做奖惩？通过培训提升能量？通过换人起到鲇鱼效应？通过施加压力使下属服从安排？如果这种挑战发生在一家中小型企业，且下属工资不高、晋升通道不畅、招聘新人难度大，我们又该怎么办呢？

在缺乏资源的情况下，培训往往是我们提升团队能量的首选方法。然而，这种方法的前提是下属要有上进心。如果下属并没有学习的意愿，那么采用培训的方式反而会产生负面效果。因为培训通常会占用非工作时间，下属可能会通过各种渠道去发表负面言论，如"拿着全公司最低的工资，做着没有前途的事，现在连下班时间都要被领导占用，听一些完全没用的课程，做一些没意义的作业"，从而进一步导致下属丧失对工作的热情，甚至产生逆反心理。

那么，有什么有效的方法呢？我们建议运用游戏化思维，即用游戏的方式来安排工作并进行反馈。

比如，我的一位朋友就曾使用一种名为"找茬游戏"的方法来提升团队的主观能动性。"找茬游戏"的操作要点是：

1）说明是游戏形式，无关乎被找到问题的人或事情的好坏。

2）每天布置定量的可以完成的找茬任务，初期可以是 5 ～ 10 个，后续可以根据实际情况定量。

3）大家为找茬成功的人点赞。

4）记录所找到的"茬"，并通过下属群策群力的方式找到解决方案。

5）将成果记录下来，每周或每月回顾一次。

这种方式的好处在于：

1）有明确的目标：是一项可以量化的任务。

2）有及时的反馈：我真厉害，能找到这么多"茬"。

3）有成就感：建立自信最简单有效的方法，就是不断地完成简单的任务。

4）能学到东西：通过群策群力的方式找到解决方案，在做中学。

5）难度可以升级：可以从大家现场相互找茬开始，一步步地提升到给流程找茬、给工作标准找茬。这个过程就是一个标准的 PDCA 循环。

通过游戏化设计，让下属主动寻找问题并且保证这些问题不与个人绩效挂钩，同时避免员工因担心得罪同事而不敢提出问题。本质上这种游戏化设计是给需要激活的下属一个可达成的目标，并让其获得正向反馈和成就感，从而建立自信，打破得过且过、做一天和尚撞一天钟的惯性，将他所认为的重复无聊的工作变成一个打怪升级的过程。

　　总结一下，激活下属不是把下属当成弹簧处理，压到底再弹起来，毕竟存在很多人压下去就弹不起来的情况。我们需要关注下属的情感需要，要让下属知道我们和他们在解决问题上是一条战线上的同志，而不是站在对立面的对手。

思考题：
你有什么激活团队的好方法吗？

第 4 章

行政人的大数据思维

用数据指引工作

4.1 行政数据分析的道、术和谋

数据分析是行政人的通用技能，但行政人在学习和使用数据分析时遇到最多的问题通常是："收集了那么多数据，下一步是什么呢？""这么多数据，我要如何分析？""不晓得领导让我收集数据是为了做什么"。这些问题乍一听让人错愕，仔细一想才发现这些问题其实是普遍问题，而且这些问题能否解决也是决定许多行政人在数据分析这项工作上能否更上一层楼的关键因素。

如果我们学习数据分析的目的只是在简历上添上一笔——"擅长分析数据并通过分析数据解决问题"，那么基本上属于白费功夫。因为在见到行政部门的人之前，这份简历就已经被 HR 拦住了。毕竟 HR 要看的是工作成果和绩效，而不是一句擅长某一方面的陈述。

反观数据分析的本质，不论我们使用什么样的工具和方法，是使用 Excel、PowerBI（微软出品的数据可视化工具）或数据库，还是做一堆精美的可视化图表，最终目的其实只有一个，就是从数据出发，设法解决一个问题，或者为某个决策提供依据。

4.1.1 行政数据分析的目的

数据分析是为我们工作的目的服务的，确认目的、需求及要解决的问题是数据分析的第一步。对于不同职业阶段的行政人，在数据分析这项工作上，工作目的和工作内容各有侧重。

　　作为行政专员，我们的工作重点在于数据收集。然而，由于行政专员很难接触到业务数据，导致数据分析的维度不足，使得数据分析的有效性难以显现。在这个阶段，我们可以积极地与相关业务部门沟通，了解他们的数据需求，并争取获得相关数据的权限。此外，我们还可以利用业余时间自学与数据分析相关的知识和技能，为将来的发展做好准备。

　　当我们成为主管后，掌握数据分析的技能能够帮助我们更透彻地理解部门内外部的业务情况和市场趋势，从而做出更具有针对性的决策和规划。同时，数据分析能力对我们晋升为更高层级的管理者也具有重要意义，因为管理层需要具备敏锐的商业嗅觉和优秀的决策能力，而这些都需要充分的数据分析来支持。因此，作为主管，我们要不断强化自身的数据分析能力，这是非常必要的。

　　当我们晋升到经理级，如果一直习惯于处理事务性工作，就很难有再上一个台阶的机会了。经理级可能是很多行政人停留最久的阶段，也是很多有经验的行政人从事务阶段转变为规划阶段的重要转变时期。作为经理，我们需要具备更高层次的管理能力和战略思维，此时数据分析能力的重要性更加凸显。通过数据分析，我们可以深入了解公司业务和市场状况，精准地制定发展方向和目标，并实施有效的策略和计划，从而提高整个团队的绩效和竞争力。同时，数据分析还可以帮助我们在日常工作中快速找出问题的症结，并制订相应的解决方案。因此，在经理级别上，不仅需要掌握数据分析技能，还需要将其融入自己的管理方式中，运用数据来指导决策和行动，从而取得更好的业绩和成果。

　　最后，行政人做到总监这个级别，基本上就算"通关"了。不过，很多公司并没有设置行政总监这一岗位。即使有这样的岗位，多数情况下也是兼管人事部门的，或者直接就是办公室主任、总经办主任之类的岗位。作为总监，数据分析能力的应用并不限于问题诊断和解决方案制订，在公司战略规划和业务发展方向判断中也扮演着重要角色。

接下来，让我们换一个视角，从专业角度来看一看数据分析的目的究竟是什么。其实并没有多么复杂，我们做数据分析的目的无非有以下两个：

- 设立明确的业务目标或需求。
- 明确问题。

举一个例子，领导说："小许啊，现在办公室空闲的工位不多了，后续有很多新员工要加入，是不是要考虑增加工位了？"那么我们就需要思考这几个问题：

- 办公室的空闲工位还能支撑多久？
- 新办公室需要多少工位？
- 如果新租办公室的话，需要多长的准备时间和多少费用？

在这个例子中，工位新增需求的数据分析是为了解决公司办公室规划的问题。通过对工位需求、人员数量和发展计划等数据进行深入分析，可以找出满足公司 2～3 年发展需要的办公室规划方案。通过细化目标并落实到具体的工作任务中，可以更好地实现数据分析的价值，同时能够提高工作效率和质量。在实际工作中，要考虑的问题还有很多，所以数据分析的作用至关重要，而数据分析的主要目的就是帮助设立明确的业务目标或需求，并通过对数据的深入分析找出问题的症结和解决方案。

我们再来看一个例子，办公室近期的耗电量特别高，你作为物业经理，让下属去查明原因，得到的回复是：一切如常，空调温度和平时一样，灯光亮度也和平时一样，并没有发现异常耗能的问题。但直觉告诉你，是大楼 BMS（楼宇管理系统）的参数被调整导致的。于是你马上去查 BMS 的后台数据，可当看到屏幕上密密麻麻的运行数据时你傻眼了，但也只能逐项分析了。这时你遇到的问题是用什么办法去做数据清洗，也就是将干扰性数据和你需要的数据进行区分。最常用的方式是使用 Excel 进行"数据透视"，在经过"数据透视"后，你发现设备参数（如空调温度、新风比、关灯时间等）确实被调整过。接下来，你需要找出参数被调整的原因，于是你继续筛选并处理数据，你发现参数是在上个月中旬被调整的。通过进一步查找数据发现，原来是在系统维护的时候，配置文件被恢复成了初始设置。据此，你将系统参数巡查作为例行工作写入了周报，并且你将这件事情的前因后果通过一条时间线加一幅逻辑图的方式呈现在月报中。你看，现在原因也找到了，问题也解决了，是不是整件事情都建立在数据分析的基础上？

由此我们可以看出，行政人进行数据分析可以让我们在处理问题时有据可依，以及彰显自身的专业度。同时，整个数据分析的过程其实就是一个完整的工作流程，包括明确问题（确认 BMS 参数设置被调整）、使用方法论（5W2H）、利用工具（Excel 分析）、达成结果（找到原因并提出解决方案），并通过恰当的方式呈现出来。

基于上述内容，我们还可以得出整个数据分析的基本流程。

第一步：明确要解决什么问题。

第二步：按维度进行数据收集。

第三步：数据清洗。

第四步：分析数据并建立数据的关联性，用图表呈现。

第五步：得出结论，提出建议、解决方案，并进一步优化。

4.1.2　行政数据分析的方法论

行政数据分析的方法论，或称为行政数据分析的"道"，因为它在技巧之上。方法论能帮助我们厘清思路。思路非常重要，有了明确的思路，我们才能按图索骥地进行数据的收集、清洗、分析，以及后续输出报表和分析报告。缺乏明确的思路则会导致数据分析没有方向和效率低下，出现不知道收集哪些数据，或者收集了数据不知道该如何使用的情况。

数据分析方法论主要是起到提纲挈领的作用，即从宏观角度对需要进行分析的数据进行规划。就像做题前的思路分析、做项目前的任务规划，它能够帮助我们在前端确认好方向。影响数据分析最终成果的因素主要有3个：方法论的选择、数据分析工具的选择、分析手段（技术的选择）。其中，"方法论的选择"占整体影响因素的比重达85%，这意味着选择哪种方法论来给我们指引思路至关重要。本节我将结合案例主要介绍两种数据分析的方法论：5W2H分析法（七问分析法）和SWOT分析法（Strengths——优势，Weaknesses——劣势，Opportunities——机会，Threats——威胁）。

首先是5W2H，即Why（为什么）、What（做什么）、Who（执行者）、When（时间）、Where（地点）、How（怎么做）和How much（工作量）。

下面我们用4个案例来看5W2H分析法的应用。

案例1

"小许，请你整理公司介绍并复印2份，装订后于下班前送到副总裁办公室，交给张总，请确保复印的质量，总经理要带给客户做参考。"我们用5W2H分析法来拆分这个案例可以得到以下信息：

Why：给客户做参考。

What：整理、复印并装订。

Who：小许。

When：下班前。

Where：副总裁办公室。

How：品质好的公司介绍。

How much：2份。

案例2

小张：（Who）

你好！

2楼会议室发生漏水，请安排维修。（What）

我们需要补充的信息有以下这些：

Where：问题是在哪里发生的？

When：问题是什么时候发生的？

Why：为什么会发生这个问题？

How：问题是怎样发生的？

How much：漏水点有多少？影响范围有多大？

案例3

领导："小许，最近办公区电费有点高，你去查一下。"

（面对领导如此简短的交代，如果我们想要达到甚至超出领导的预期，那么就需要使用5W2H分析法进行分解）

Where：在哪个环节发生了问题？

When：问题是什么时候发生的？持续多久了？

Why：为什么会发生这个问题？

Who：是谁导致的或可以找谁处理这个问题？

What：找到原因，分析、解决并给出后续运营方案。

How：检查能源管理控制系统中关于空调、新风系统、灯光开启时间等相关数据，并通过对比上年环比和上季度数据来查找异常项，同步检查各类参数的设置情况及变动情况。

How much：预计需要 2 个人，在 3 天内完成。

案例4

领导："小许，你在去年考核方案的基础上，做一版今年的绩效考核方案出来。"

Where：这是一个在上海办公区使用的绩效考核方案。

When：绩效考核方案需涵盖月度、季度和年度绩效考核，且这三种考核方式能够达成统一。

Why：领导为什么要调整以前的考核方案？是哪些地方有问题吗？

Who：谁是关键人物？我可以找谁沟通？

What：在去年考核方案的基础上，制定今年的绩效考核方案。

How：根据公司及部门业务发展的需求，在去年考核方案的基础上，结合去年实际的量化分析数据，确认考核目标及基准，优化考核方式，并在领导审批后，制定今年的绩效考核方案。

How much：关键人访谈及需求确认需要 5 天，去年数据整理和分析需要 3 天，员工沟通及调整方案需要 5 天。

以上是 5W2H 分析法在不同场景中的应用举例，接下来我们来看如何使用 SWOT 分析法。SWOT 分析法的优点在于考虑问题全面，它是一种系统思维，而且可以把对问题的诊断和开处方紧密结合在一起，条理清楚，便于检验。我们从三个方面和一个案例来系统了解 SWOT 分析法的使用。

1. SWOT矩阵的构成⊖

S（Strengths）代表优势，是组织机构的内部因素，具体包括有利

⊖ 王丹 . 管理学基础：理论与实务 [M]. 北京：北京理工大学出版社，2018.

的竞争态势、充足的财政来源、良好的企业形象、技术力量、规模经济、产品质量、市场份额、成本优势、广告攻势等。

W（Weaknesses）代表劣势，也是组织机构的内部因素，具体包括设备老化、管理混乱、缺少关键技术、研究开发落后、资金短缺、经营不善、产品积压、竞争力差等。

O（Opportunities）代表机会，是组织机构的外部因素，具体包括新产品、新市场、新需求、国外市场壁垒解除、竞争对手失误等。

T（Threats）代表威胁，也是组织机构的外部因素，具体包括新的竞争对手、替代产品增多、市场萎缩、行业政策变化、经济衰退、客户偏好改变或突发事件等。

2. SWOT分析的4个步骤

首先，分析环境因素。基于各类调研方法，在考虑公司历史、现状、未来发展的基础上，综合分析公司的外部环境因素和内部能力因素。

其次，构造SWOT矩阵（见图4-1）。将调研所得的各种因素按照轻重缓急或影响程度进行排序。需要注意的是，优先排列对公司发展有直接的、重要的、大量的、迫切的、久远的影响的因素，以此构造SWOT矩阵。

再次，制订行动计划。制订行动计划的基本思路是：发挥优势因素，克服劣势因素；利用机会因素，化解威胁因素。

最后，综合考虑公司过去、现在、未来的发展。对优势、劣势、机会、威胁等各类因素进行综合分析，将各类因素相互匹配与组合，制定出一系列公司未来发展的可选择对策。

行政部 SWOT 矩阵

		内部	
		优势（S）	劣势（W）
		S1. 部门制度流程完善，岗位职责明确 S2. 行政采购供应链健全 S3. 培训到位，与供应商、客户合作无间 S4. 交通便利，地理位置优越 S5. 团队意识强，执行力较强 S6. 信息面广，组织协调能力强 S7. 有固定的人力招聘渠道 S8. 硬件系统较完善	W1. 行政工作复议性差 W2. 工作流程不清晰，新人专业性待加强 W3. 人员流动较大，工作量增加，人力不足 W4. 激励机制不完善，积极性不高 W5. 培训不够，稽核有困难 W6. 沟通须加强 W7. 耗材价格数据库更新不及时 W8. 安保系统硬件，人力不足
外部	机会（O） O1. 随着行业的发展，各类外包供应商的选择变多 O2. 外部行情不错，专业人才的选择较多 O3. 部门人员交际广泛，信息收集比较快 O4. 晋升机会增加	**SO（维持）** S2 和 O2 结合，行政采购供应链全、选择性强，成本有效管控质量 S3、S6 和 O3 结合，加强沟通与交际，收集有效信息保障供给，建立良好关系 S5 与 O4、O6 结合，团队学习力强，打造有执行力的精英高效团队 S4、S7 与 O5 结合，以地理和固定的人力渠道保障生产供给所需	**WO（强化）** W1、W5、W6 与 O6 结合，加强学习、培训，沟通，使行政命令令得以有效执行 W2、W3 与 O5 结合，提升员工待遇，强化岗位技能，控制人员流动率 W3 与 O4、O6 结合，为人员提升自身价值创造机会 W4 与 O4、O5 结合，建立有效的奖励晋升机制，以保证员工的薪酬、福利

机会（O）	SO（维持）	WO（强化）
O5. 提高员工福利待遇	S8与O2、O5结合，稳固的硬件和收入保障人才引进	W7与O1、O3结合，应用市场信息及时更新客户信息，以节约费用，减少耗能
O6. 企业学习项目引进（高效能工作）		W8与O2结合，补充技能性人才，加强硬件的投入，来保障安全有效的服务

威胁（T）	ST（风控）	WT（解决）
T1. 管理制度得不到有效执行，工作混乱	S1与T1结合，完善制度，坚决执行，持之以恒	W1与T1结合，加强制度有效落实，执行
T2. 行政人员工作绩效考核不明确	S2、S3与T3结合，及时更新价目表，缩短周期，满足运营所需并减少库存	W2与T2结合，加强中高层人员任职标准考核与新入的专业能力，从而以最快速度投入有效工作
T3. 外购行政物品价码不一，采购成本上升	S4、S7与T4、T5结合，充分利用企业地理优势和招聘渠道，减少人员流动率	W3、W4与T4、T5结合，建立有效的激励机制，以减少人员流动率来提升服务效能
T4. 外包公司人力成本增加，导致成本上升	S8与T6结合，实体硬件行加强招聘计划的落实，做好维修保养	W5与T1结合，加大培训力度并实施有效考核，提高稽核培训效果的真实性
T5. 周边来了很多大厂，待遇较好，人员流动变大	S1,S8与T7、T8结合，加强与员工的有效沟通，减少不必要的碰撞，消除潜在的危机	W1、W6与T7、T8结合，确定统一操作标准以保证工作人员的安全及各类任务的执行
T6. 设备保养不到位		W7与T3结合，及时更新商供数据率，增加渠道及抽查，确保有效保证
T7. 访客管理工作混乱		W8与T1、T7、T8结合，增加硬件设备投入及人员，以改良运行体系
T8. 工作存在危险		

图4-1　行政部SWOT矩阵

3. 成功应用SWOT分析法的简单规则[一]

1）进行 SWOT 分析的时候必须对部门或业务的优势与劣势有客观的认识。

2）进行 SWOT 分析的时候必须区分部门或业务的现状与前景。

3）进行 SWOT 分析的时候必须考虑全面。

4）进行 SWOT 分析的时候必须与内外部供应商或同类型企业的行政部门进行比较，比较好在哪里、差在哪里及其原因。

5）保持 SWOT 分析法的简洁化，避免复杂化与过度分析。

6）SWOT 分析法因人而异。

接下来，我们结合一个标准的 SWOT 矩阵（见图 4-1），具体来看一下。

这个 SWOT 矩阵是基于工作实践做出来的，是一个经典的 SWOT 分析法的应用，可以作为正式动手实操前的参考。做 SWOT 分析的目的是发现问题、解决问题，可以通过四大因素两两组合来制定对策，细分出 SO（维持）、WO（强化）、ST（风控）、WT（解决）等策略方向，并基于发挥优势因素、克服劣势因素、利用机会因素、规避或化解威胁因素，以考虑过去、立足当前、着眼未来为原则，制定具体策略。

4.1.3　行政数据分析的工具

行政数据分析的工具，或称为行政数据分析的"术"，是我们用来进行数据分析的利器。从实操的角度看，行政大部分的数据分析工作都可以通过 Excel 来实现。Excel 的功能非常强大，它具备丰富的函数和多种操作方式，尤其是数据透视表功能能够帮助用户进行数据交叉分析。掌握好 Excel 的使用方法，可以有效提升行政数据分析的效率。

　　○　郦巍铭，楼莉萍，章守明 . 现代人力资源管理 [M]. 杭州：浙江大学出版社，2017.

这里推荐一本书《谁说菜鸟不会数据分析》[⊖]。这本书不仅介绍了 Excel 的功能，更重要的是教授了在实践场景中数据分析的步骤和思路，对初学者来说非常有帮助。

很多行政同行问我，是否有必要报名参加专门的 Excel 培训？我的建议是，如果你未来想要转入数据分析岗位，那么系统地学习 Excel 的函数和工具库就非常有必要，因为这些技能是数据分析的基础，可以大幅提高你的工作效率和准确性。但是，如果你未来并不打算专门从事数据分析相关的工作，那么花费大量的时间和精力深耕 Excel 可能并不划算。所以，在决定是否学习 Excel 之前，你需要先明确自己的职业规划和发展方向。

在各类办公软件的培训中通常会根据 Excel 使用者的能力水平进行分级，具体如图 4-2 所示。

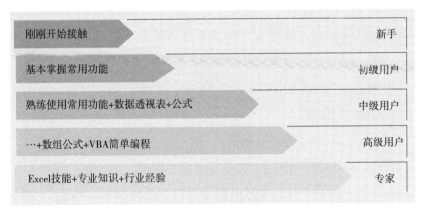

图4-2　Excel能力分级

在行政数据分析中，我们只需要熟练使用 Excel 的常用功能、数据透视表、常见的统计公式即可，也就是达到中级用户的水平。Excel 是一种熟能生巧的工具，为了提升操作水平，除了平时多练习外，更重

⊖　张文霖，刘夏璐，狄松. 谁说菜鸟不会数据分析 [M]. 4 版. 北京：电子工业出版社，2019.

要的是养成好习惯，比如，两个关键信息不需要合并单元格，并且初期不要把表格设计得过于复杂。为了方便管理数据，我们可以采用一种经典的表格样式，按照原始数据（sheet1）、加工数据（sheet2）和图表（sheet3）进行分类管理，这样可以避免数据混淆。

举个例子：今天行政部门举办了一场活动，有500人参加，让你分析活动效果，你会怎么分析？

我们可以用5W2H分析法先理顺思路。

Who：我们需要分析的是参与者（参加活动的人）、贡献者（为行政满意度贡献4.5分以上的人）、旁观者（参加了活动但未点赞的人）及路人（收到了通知但未参加活动的人）。

What：根据转换漏斗分析转化率，为下次活动做准备。

How：分析参与度（对比分析与其他类似活动参与度的差异）、分析人均成本（活动总成本分摊到每个参与者与贡献者的金额）、分析获客成本（宣传费用分摊到每个参与者与贡献者的金额）、两层转化率（路人到参与者、参与者到贡献者的转化漏斗比例）。

When：3天内完成分析工作。

Where：办公室。

How much：约1万条数据量。

Why：为后续活动的优化工作提供参考依据。

在厘清思路后，你就可以开始收集合适的数据了。比如，以往的活动参与人数、获客成本、路人人数（根据通知的阅读情况，但需要进行去重处理），参与者人数和贡献者数量（需要对活动结束后1周内的调研结果进行分析，即使需要匿名调研，也要留下可分析的信息）。拿到这些数据后，就可以只用Excel进行简单的分析操作了。

由此我们可以看出，数据分析的思路非常重要，Excel等工具的操作只是实现这个过程的手段。如果没有清晰的思路，仅凭"500人参加活动"这条数字信息，我们很难得出有价值的结论和分析结果。在做数据分析时，我们不仅要通过"拷问"来挖掘数据中的信息，还需要具备恰当的分析逻辑。这一切都需要通过刻意练习来获得，阅读本书只是起步，真正锻炼数据分析思维需要自己付出努力。我们现在正在做的事情就是尽我们所能地为大家整理一个清晰的、便于理解的数据分析思维的脉络，从而缩短大家从知到行、从行到精的过程。

学习 Excel 的方法很多，其中一个有效的方法是建立闭环的知识链，也就是将数据分析、数据处理与分析、图表以及函数与公式，这四个方面相互结合形成一个完整的闭环。

简单地说，我们可以利用函数与公式做数据分析，对分析好的数据进行处理与操作，最终生成 PPT 或报告上呈现的图表。在过往的授课经历中，我们发现很多行政人不是不会使用函数，也不是不会做数据分析，而是在做图表呈现时感到无所适从。因此，我们可以参考图 4-3，学习如何绘制各种常见的图表。

除了图表，函数也是 Excel 中一个非常重要的工具。使用函数的主要目的是进行数据清洗和数据整合。其中，VLOOKUP 是一个常用的函数，可以用于数据的清洗和交叉分析等操作。如果你熟练掌握了数据透视表的使用方法，那么用数据透视表做动态图表将是一件非常有趣的事情。但需要注意的是，数据分析的最终目的是为管理层提供决策依据。如果你的领导喜欢俏皮花哨的数据呈现，那么就用动态图表去满足他的偏好；如果你的领导属于实干型，那么用金字塔模型来做汇报则是更好的选择。在数据分析和呈现的过程中，我们需要根据不同的需求和目标来选择合适的工具和方法，以达到最佳的效果。

选择正确的函数需要具备一定的统计学基础知识。当我们看到数据时，不仅要知道应该用哪个函数去分析，还要知道不能用哪个函数去分析。

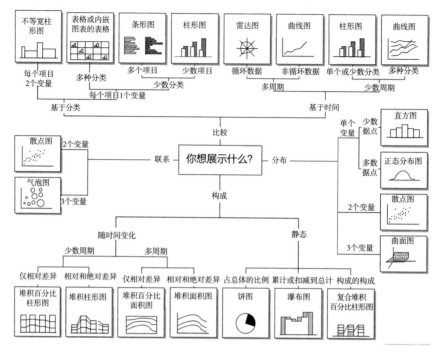

图4-3　图表与呈现内容对应

（资料来源：刘万祥，《Excel图表之道：如何制作专业有效的商务图表　典藏版》，电子工业出版社，2017。）

　　最初我认为数据分析很简单，因此没有刻意去学习统计学知识，这导致在很长一段时间内，统计知识成了我的知识体系中最薄弱的地方。在走了很多弯路后，我才发现统计知识是做好数据分析的基础之一。在深入接触统计知识后，我们将能够以一个全新的视角看待数据，比如，面对两组数据，我们不会只用平均值去比较它们的差异，而是能基于不同目的采用不同的分析维度。所以，花上一周时间熟练掌握均值、中位数、标准差、方差、概率、假设检验、显著性、总体和抽样等概念是非常有价值的。在实际操作过程中，我们需要结合具体数据和业务场景来灵活运用统计学知识和方法，以达到更好的数据分析和处理效果。

对大部分企业来说，领导并不一定会关心数据背后的统计学原理，他们更注重的是结果，即能否实施和达到预期效果。因此，在向领导汇报数据分析结果时，应该简明扼要地给出答案，而不是过多涉及统计学细节和术语。

接下来，让我们通过 4 个案例来展示，在行政人日常工作中如何应用数据统计。

案例1：更合理的库存

在日常行政管理中，计算备件库存是一项常见的工作，以往的做法通常是靠仓库管理员的经验来处理，但这种方式导致库存多备或者少备的情况时有发生。如何通过数据统计的方法来更好地计算备件库存呢？

以灯管备件为例，假设办公室有 1000 个灯管（按正常 28W 的日光灯来计算，大概有 5000m² 的照明用量），一般的做法是准备 50 个灯管的安全库存量，在灯管损坏时进行更换，但实际上还有一种更加高效的库存管理方式。

具体做法是：我们提前观察并计算灯管在使用中的实际寿命，然后通过统计学方法（如生命周期分析等）计算出灯管的预期寿命，以此确定接近实际更换频率的有效库存。这样，就可以最大限度地保证库存数量合理，避免浪费和缺货的情况。

从表 4-1 来看，灯管的有效寿命为 925.42h，误差为 ±22h，95%的灯管最小使用寿命为 900.7h，最大使用寿命为 944.7h。基于上述数据和供应商的供货时间，我们便能算出 1000 个灯管的最小库存数量。所以，如果供应商的供货时间是 48h，那么这 1000 个灯管的最小化库存设置为多少比较合适呢？大家不妨尝试计算一下。

表 4-1　50 个灯管的耐用时数　　　（单位：h）

886	928	999	946	950	864	1060	927	949	852
1027	928	978	816	1000	918	1040	854	1100	900
866	906	954	890	1006	926	900	999	886	1120
893	900	800	938	864	919	853	981	916	818
946	936	895	967	930	978	821	924	798	850

案例2：何时清洁空调？

当我们需要对不确定性问题进行决策时，也可以利用数据分析来为决策提供有效依据。

公司赶在大幅降温前，根据天气预报安排了清洁空调，意想不到的是清洁空调当天遭遇高温天气，部分员工出现负面情绪。我们能否通过数据分析来应对这类问题呢？

答案是肯定的。数据分析可以帮助我们在考虑清洁空调的日期时，更科学地做出选择。我们可以通过从气象台网站上获取历史同期气温数据，然后通过计算异常天气发生在我们选定日期的概率，从而找到最佳的清洁空调日期。比如，我们计划在 11 月 1 日至 11 月 9 日清洁空调，我们就可以调取过去 20 年 11 月 1 日至 11 月 9 日的天气数据，看看每一年这个时间段的高温天气分别发生在 9 天中的哪几天。选择高温天气发生概率最小的那天的日期作为今年清洁空调的日期，从而保证在清洁空调期间不会受到突发异常天气的干扰。因此，数据分析可以帮助我们更加科学地做出决策，从而更好地服务于我们的工作。

案例3：班车时刻如何调整更合适？

公司要降本增效，你准备合并班车的班次，应该如何调整呢？

我们可以先收集各班次班车到达的时间数据，比如，班车到达的时间在 8:40—8:50，其中，8:40 到达的概率是 1/5，8:45 到达的概率是

3/5, 8:50 到达的概率是 1/5。如果乘车人是在 8:42 到达候车点的，那他的等车时间的期望值就是 $E(X)=3 \times 3/5+8 \times 1/5=3.4$，从这个数据来看，将乘车人的最大等车时间控制在 3.4 分钟比较合适。根据我们计算出的乘车人在该时间段内等车时间的期望值，就可以进行班车调整了。同时，我们有了数据，还可以将班车的发车时间调整得更加精准，使得班车到达时间更加精准，从而减少乘客的等待时间。

案例4：如何选择合适的项目？

如果你手上有两个看上去不错、ROI（投资回报率）相近的项目，你要如何做出更理性的选择呢？

比如，这两个需要投入资金的项目分别是增加空调设备和调整卫生间设备，且两个项目都直接关系到员工的满意度。从数据分析的角度，我们可以把员工满意度分为优、良、差 3 个等级，并假设发生概率（P）依次为 0.2、0.7、0.1。通过初步调研，你发现增加空调设备可以提高 X 的满意度，而调整卫生间设备可以提高 Y 的满意度，具体情况见表 4-2（注意，表格中所有数据均为举例，并非真实数据）。

表 4-2　员工满意度与发生概率

项目	员工满意度		
	优	良	差
X	20%	10%	−10%
Y	15%	10%	−8%
P	0.2	0.7	0.1

首先，我们来算数学期望值（E），即平均提升的满意度。

$E(X)=20\% \times 0.2+10\% \times 0.7-10\% \times 0.1=10\%$

$E(Y)=15\% \times 0.2+10\% \times 0.7-8\% \times 0.1=9.2\%$

从平均提升的满意度可以看出，两个项目相差不大。我们再从风险方面进行评估，于是我们可以求出它们各自的方差（D）。

$$D(X)=(0.2-0.1)^2 \times 0.2+(0.1-0.1)^2 \times 0.7+(-0.1-0.1)^2 \times 0.1=0.006$$

$$D(Y)=(0.15-0.092)^2 \times 0.2+(0.1-0.092)^2 \times 0.7+(-0.08-0.092)^2 \times 0.1=0.0037$$

　　方差越大，说明风险越大。虽然两个项目平均提升满意度的概率相近，但是 Y 的风险明显小于 X。因此，部门应该倾向于选择风险更小的项目，以保证获得满意度的稳定性。

　　看了上面的 4 个案例，你是不是发现在实际操作中进行数据分析并不像想象中那么困难呢？在日常行政工作中，很多行政人将数据分析视为高深莫测的工具，这反而会影响学习的热情。实际上，数据分析是通过对数据进行处理、解释，提取有用信息的过程。当我们能够结合业务需求及统计学的知识来进行数据分析时，往往能够更好地应对行政工作中出现的各种问题。

　　最后，再举一个案例。我的一位朋友是我在数据分析上的启蒙老师，他在搬至新办公地点（与之前的办公室面积差异不大）后，发现保洁阿姨的清洁效率急速下降，有时候都快下班了垃圾还没有清理完，这导致员工的投诉猛增。这让我的朋友感到很奇怪，他的下属建立了各项指标去分析原因，但都没有找出问题所在。后来，我的朋友去找保洁阿姨进行访谈，发现原因是新办公室内装修亮面很多，特别容易脏，而且脏了非常明显，她每天要花大量时间来处理这类问题，导致清洁效率变低。

　　这个案例给我们的启发是，如果我们只知道保洁阿姨的清洁范围和清洁效率，在数据上根本无法发现亮面这个问题，就会导致数据分析维度的缺失。所以，在进行数据分析时，我们需要紧密结合业务场景，只有深度地了解业务，我们才能更好地发现和理解数据背后的含义，从而制定出更加有效的解决方案。

4.1.4 行政数据分析报告的写作技巧

行政数据分析报告的写作技巧，或称为行政数据分析的"谋"。即使用工具进行数据分析，我们也要通过分析报告的形式呈现出来。撰写分析报告，就是把众多数据报表转化为一篇易于理解、逻辑顺畅、内容结构化的 PPT。一份好的分析报告不仅要有简洁漂亮的页面设计，还要能紧扣主题、思路清晰地分析并得出有价值的结论。如果你还能够绘声绘色地把 PPT 的内容表达到位，那就更完美了。如果你做到了以上三点，那么恭喜你，你已经成为一名略有小成的数据分析师了。

一份合格的数据分析报告通常至少需要满足以下 4 个方面。

1. 达成3个目标

（1）进行总体分析

根据项目需求，对财务和业务数据进行总量分析，全面了解被分析项目的财务和业务状况，形成总体印象。

（2）确定项目重点，合理配置资源

在全面掌握被分析项目的基础上，通过趋势分析、对比分析等手段，确定分析重点，帮助分析人员做出正确的项目分析决策，并调整人力、物力等资源达到最佳状态。

（3）总结经验，建立模型

选取指标，针对不同的分析事项建立具体的分析模型，将主观的经验固化为客观的分析模型，从而为后续项目中的数据分析提供指导。

以上 3 个具体目标是紧密联系的，缺一不可。只有在进行总体分析的基础上，才能进一步确定项目重点，并在对重点内容的深入分析中得出结果，进而完成评价。如果只实现其中一个目标，得出的报告将是不完整的，也无法为制定项目实施方案提供可靠的支撑。

2. 遵循4个原则

（1）规范性原则

数据分析报告中所使用的名词术语应当要规范、标准、统一，并与前人所提出的术语相一致。

（2）重要性原则

数据分析报告应当体现项目的重点，在各项数据分析中，重点选取真实性、合法性指标来构建相关模型，科学、专业地进行分析，并在分析结果中将同一类问题按照重要性排序。

（3）谨慎性原则

数据分析报告的编制过程必须谨慎，基础数据必须真实、完整，分析过程必须科学、合理、全面，分析结果要可靠，建议内容要实事求是。

（4）鼓励创新原则

科技是在不断发展进步的，必然会有创新的方法或模型从实践中摸索总结出来，数据分析报告应记录下这些创新的想法和做法。

3. 注意5个关键点

（1）结构合理，逻辑清晰

数据分析报告的结构是否合理、逻辑条理是否清晰，是决定此份报告成败的关键因素。

（2）实事求是，反映真相

数据分析报告必须具备真实性，反映实际情况，以便为决策者提供正确的信息支持。

（3）用词准确，避免含糊

尽量用数据说话，避免使用"大约""估计""更多""更少"等模糊的字眼。

（4）篇幅适宜，简捷有效

篇幅长的报告不一定是好的报告！建议在前 20% 的篇幅中将内容讲清楚，在后面的 80% 中列出详细的数据，方便决策者随时查询。

（5）结合业务，分析合理

一份优秀的分析报告不仅要能够基于数据分析问题，还必须紧密结合公司的具体业务，从而得出可实行、可操作的建议和分析结果，否则将是纸上谈兵，脱离实际，无法提供有效的决策支持。

4. 选择合适的报告模板

（1）专题问题报告

针对特定问题或项目做数据分析而形成的结果文件。例如，餐厅菜式满意度下降分析报告、降低单位面积能耗措施分析报告等。

（2）综合分析报告

这是用得最广泛的报告类型，适用于各类项目。例如，行政部门第二季度运营报告、第一季度活动运营情况报告等。

（3）日常数据通报

日常数据通报俗称美化的流水账。例如，月度行政运营数据报告、日报表等。

只需找到对应的类型，再使用装载了相关模板的软件（如 WPS）去搜索相应的报告模板，就能很方便地展示分析结果了。

总之，一份完整的数据分析报告应当围绕目标确定范围，遵循一定的原则和注意事项，系统地反映分析的全貌，推动相关工作进一步落地。在这个过程中，数据分析报告的作用主要有三点：展示分析结果、验证分析质量和提供决策依据。如果按照金字塔结构来梳理报告，就可以先介绍最重要的分析结果，然后详细阐述分析的过程和方法，最后再次强调分析结论，并提醒管理层做出相应的决策。

思考题：
你开始做行政数据分析了吗？遇到的具体疑惑点是什么？

4.1.5　行政数据分析须知的Excel技巧有哪些

对80%以上的行政数据分析来说，行政人主要使用的工具还是Excel。虽然有一些自动化处理需求会考虑使用各种BI（商业智能）工具，但能做自动化数据处理的情景少之又少，Excel在成果展示和分析中有着其特有的便利性（如切片），可以用最简单的办法完成数据看板等工作。所以，Excel作为一个简单易用的数据分析工具，是行政人必须要熟练掌握的，它能够帮助你高效地生成成果和解决方案并向管理者汇报。

Excel其实并不难，只需循序渐进地学习即可掌握，我将从4个方面给出建议。

1．需要掌握的基础操作

简单的表格数据处理、打印、查询、筛选、排序函数和公式，其中函数和数据透视表是重点，大家可以参考《谁说菜鸟不会数据分析》并结合业务场景进行学习。

2．制作数据模板必须掌握的Excel函数

1）日期函数：DAY，MONTH，YEAR，DATE，TODAY，WEEKDAY，WEEKNUM。

2）数学函数：PRODUCT，RAND，RANDBETWEEN，ROUND，SUM，SUMIF，SUMIFS，SUMPRODUCT。

3）统计函数：LARGE，SMALL，MAX，MIN，MEDIAN，MODE，RANK，COUNT，COUNTIF，COUNTIFS，AVERAGE，AVERAGEIF，

AVERAGEIFS。

4）查找和引用函数：CHOOSE，MATCH，INDEX，INDIRECT，COLUMN，ROW，VLOOKUP，HLOOKUP，LOOKUP，OFFSET，GETPIVOTDATA。

5）文本函数：FIND，SEARCH，TEXT，VALUE，CONCATENATE，LEFT，RIGHT，MID，LEN。

6）逻辑函数：AND，OR，FALSE，TRUE，IF，IFERROR。

学习并掌握以上这些函数，就基本能够处理90%以上的数据分析任务了。

3. 数据透视表

数据透视表的主要作用是将数据生成可交互的报表，配合切片器用，它在行政数据分析中简直是"神器"。通过数据透视表，我们可以快速地了解数据的分布规律以及各种统计指标的情况，并可以进行多维度的分析和比较。在使用数据透视表时，需要注意的是后台数据需要手动更新，否则会影响分析结果的准确性。

4. 从学习Excel向数据分析师的进阶

（1）思维的进阶

随着办公自动化工具（如OA系统）底层数据的打通，数据统计将不再是行政数据分析工作的重心。未来的重点将是如何将业务数据转化成行政人用来分析的数据，再转化成可视化图表提供给管理者，作为问题解决的参考、决策判断的依据、优化建议的支撑。相应地，行政数据分析工作也应该从初期的收集数据、统计数据、做报表转变为分析数据背后的问题，并将结论输入给管理者。

（2）工具的进阶

学习新一代自助式数据可视化工具，如 PowerBI 或 FineBI。这类工具不仅可以通过固定模板将日常运营中产生的数据导入 BI 工具中，还可以用数据可视化的方式展示出来，轻松处理重复率较高的日报、周报、月报等工作。此外，PowerBI 或 FineBI 做填报和数据展示的美观性和便捷性远胜于 Excel，因此它们是数据分析的必学工具。

思考题：
通过Excel进行数据分析的能力，你掌握得怎么样呢？

4.2 大数据思维在行政工作中的应用

行政数字化已经成为当下的一种新趋势，也是行政人讨论得最多的话题。大数据要体现价值，关键在于挖掘数据的能力和驱动运营管理。本节我们将在上节的基础上，为大家分析行政数字化转型的两个关键问题：

1）行政数字化转型究竟是做什么？

2）如何解决数字化转型中遇到的阻碍问题？

4.2.1 行政数字化转型究竟是做什么

问题：通常来讲，行政数字化转型就是用数据的力量为行政工作赋能，应该如何理解为行政工作赋能呢？

"用数据的力量为行政工作赋能"是很多行政人在讨论数字化转型时最喜欢说的一句话。不管你用数据中台、数据分析模型、算法，还是线下流程转线上流程的方式来开展工作，归根结底是为了做好数据化管理。

对许多致力于做数字化转型的行政人而言，转型初期会遇到"三座大山"：看不到效果、认可度低和成就感差。尽管我们有很好的想法，但是现实中很难将其落地。你可能会试图用数据分析为公司降低成本，创建实时更新的数据看板或建立后勤成本追溯与预测模型，有些你能做到，有些你不能做到，那么其中的区别在哪里呢？

在数字化转型的初期，很多行政人试图用数字化的方式，将过去已经完成得比较好的工作重新做一遍，以期快速体现自己的价值。然而，数据在没有积累到一定程度时是难以发挥其价值的，无论什么样的数字化转型，都绕不开"看数"阶段。只有当业务成熟到一定程度、数据积累到一定程度时，才能发挥出数据的增值潜力。这也是我们一直强调的，在数字化转型中，行政人要清晰地认识到自身能力和所处的位置，寻找最合适的数字化解决方案。为此，我们可以借用数字化转型金字塔（见图4-4），根据自身的实际情况，选择相应的层级，打好基础，一步步推进。

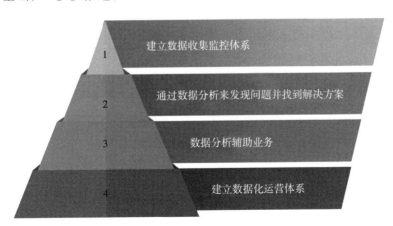

图4-4　数字化转型金字塔

在实际操作中，80%的行政人在第一步就可能遇到困难：不是不想做数字化转型，而是企业没有足够的需求，导致缺少足够的数据来进行分析。即使成功开展了数字化转型，在后续的实施过程中也很容易遇到其他阻碍，例如：

1）数据支持工作占据大部分工作时间，从而影响业务数据分析工作及其优化。

2）个人能力有限，对业务的理解有偏差，导致花费大量精力却得不到有价值的结果。

3）数据分析无法体现出价值，导致领导层和一线员工认为数据分析没有给工作带来指导意义。

4.2.2　如何解决数字化转型中遇到的阻碍问题

1．提高数据支持类工作的效率

基础数据维护是业务正常运转和项目推进的基础。既然无法避免，我们只能通过提升效率来缩短时间，找到解决问题的关键点就好处理了。其中，规范需求流程、管理预期、实现自动化都是很好的解决方案。

2．实现透明化

对于中后台数据分析，行政人完全可以用对接数据库取数的方式解决，使用现成的模板输出分析结果，甚至可以整合到数据看板上，以避免重复性工作。

3．理解数字化转型的本质

很多行政人认为数据驱动型业务转型的本质，就是通过数据分析理解业务、验证思路，发现利用率不足的资源并对之进行重新整合，实现 ROI 更高的增量价值。然而，在这个过程中数据只是充当工具，就算掌握再多数据分析模型、思维方法，也只是帮助验证某个已有的想法，而不是去解决问题。想要理解业务，唯一的做法就是多问、多交流。实际上，数据驱动更应该是全面系统地从数据角度发现和解决业务问题，它是一个数据建模的过程。

4. 寻找KOL（关键意见领袖）

目前很多行政部门在组织变革中遇到的最大问题是中后台部门不知道前台部门需要什么，前台部门不理解中后台部门出台相关政策的目的，也无法向业务部门解释清楚。这主要是因为没找到 KOL 了解情况。

因此，行政人应该认真思考如何解决这些阻碍问题，提高工作效率，实现数据透明化，深刻理解数字化转型的本质，积极寻找 KOL，并与其进行充分沟通。只有通过不断努力和实践，才能顺利推进数字化转型，为企业发展带来更多的价值。

思考题：
如果你已经开始进行数字化转型，是否遇到了具体的困难？你是如何解决的呢？

4.3　从咨询案例看行政数字化转型落地方案

我们以一家公司的数字化转型咨询为案例，展开讲述数字化转型落地方案的具体思路。为保护该公司隐私，我们用 A 公司来代替。以下是 A 公司的背景：

- 行业：互联网+制造企业。
- 人数：约2200人，分布在3个办公区。

- 行政人数：共4人，不包含一线和外包人员。
- 数字化转型需求：领导要求推进数字化转型，行政部门希望实现价值最大化，并以最小成本完成转型。

第一步：需求及目标分析

启动这个项目的背景是公司领导在考察同行企业后，提出了数字化转型的要求。对于行政部门而言，新入职的部门领导希望通过数字化转型体现行政部门的价值，因此需要明确第一步应该做什么，哪些事情是重点项，已经做到什么程度。但是，有一个关键的制约因素是缺少预算，难以引入先进的数字化系统。

我们通过面谈和现场考察等环节完成了需求及目标分解，以下为非PPT版本的需求说明：

1）公司领导的需求："面子工程"要先做好，因为同行企业已经做出了很棒的数据看板，我们作为头部企业，显然不能落后于同行企业。

2）行政部门领导的需求：需要做一些体现自身价值的工作，数字化转型可以提高行政部门对外的专业度。数字化转型的过程不要动太多的流程，也不要对现有的工作内容做太大的改变。

3）行政部门人员的需求：希望能够学习新的知识与技能，但具体操作不要太难，也不要影响他们目前的工作岗位。

幸运的是，尽管这家公司的管理层对数字化转型一知半解，但是大力支持。同时，在行政部门内部也暂时没有发现较大的抵触情绪，因此数字化转型的推进工作可以顺利开展。

基于需求分析，我们制定了以下目标：

目标1：在一周内完成现有线下流程的排查，确认哪些流程可以转为线上，并对现有流程的影响程度进行评估。负责人：×××。

目标 2：在两周内整合现有行政后台数据，建立数据表盘模板，并请领导确认数据指标和样式，同时确认数据的更新频次。负责人：×××。

目标 3：在上半年完成 50% 以上各行政子系统的分级上线工作，实现数据表盘的自动更新。负责人：×××。

目标 4：在 2021 年度完成 70% 以上线下流程的线上化，实现流程与子系统之间的数据对接。负责人：×××。

需要注意的是，目标要符合 SMART 原则[⊖]，不要定得过高，同时要学会在制定目标及落地方案的时候进行对标，以确保目标的合理性。比如，可以选择一家数字化不完善的头部企业和两家正在开展数字化转型的企业，通过这种方式向领导展示数字化转型的趋势和必要性，同时让领导更加充分地认识到困难，并提供支持。当然，我们在制定目标及落地方案时，还需要充分考虑领导的心理预期，突出领导决策的重要性和企业需要加快数字化转型的现状，并准备好回应领导的意见或建议。

第二步：基于需求分析和目标设定，进行数字化系统的整体规划

数字化系统的规划，关系到数字化转型的具体步骤和路径，应该遵循先易后难、先梳理流程再上线系统的原则。在本方案中，我们将数字化系统划分为三层：管理层 / 呈现层、操作层、系统层 / 数据层。具体内容如下：

1）管理层 / 呈现层：这是优先完成的部分，因为它是最外在、最容易体现绩效的部分。即使初期没有数据表盘，我们也可以通过制作 Excel 切片及多引用数据来展示效果。

⊖　SMART 原则中，S 代表具体（Specific），M 代表可度量（Measurable），A 代表可实现（Attainable），R 代表相关性（Relevant），T 代表有时限（Time-bound）。

2）操作层：这是由日常流程、SOP 等构成的内容，是需要在日常工作中不断完善或优化的内容，也是可以通过量化绩效指标来衡量完成多少线下流程转线上、完成多少 SOP 的制定等内容的部分。基于操作层，我们才能去搭建数字化系统中的各个子系统，例如在固定资产管理的流程和 SOP 完善后，我们再去使用 SaaS（软件即服务，一般指基于云平台，不需要在本地进行部署的各类软件、小程序等）来做固定资产管理系统，才会更加接地气或贴近实操。如果我们根据 SaaS 反过来设计流程，在实操中会出现很多不合理或无法落地的操作。因为每家公司的实际情况不同，需要控制的细节和操作过程也不同，而 SaaS 往往会把功能设计得特别全，若把它作为设计流程的参照会导致选择太多，反而容易混乱。

3）系统层 / 数据层：这是最花心思、最有技术含量、最难体现价值的部分。在本案例中，我们考虑到目前这家企业使用了基于 ERP（一种基于会计的企业资源整合软件）二次开发的 OA（办公自动化）系统，行政流程的上线涉及二次开发，同时后续的维护也比较麻烦。因此，我们选择了钉钉，并采购了第三方的行政 SaaS，在钉钉上线行政流程，通过 SaaS 实现了固定资产、一卡通、车辆、图书馆、访客的管理，通过 API（应用程序编程接口）与原来公司的 OA 对接，并整合了 Outlook 内的会议室预订功能，为下一步的会议室看板预留了空间，同时为了避免数据上云导致的信息安全风险，将数据直接存在本地。最终，一套系统下来，一年预算大约 15 万元，远比二次开发要便宜。同时，数据的安全性和子系统的扩展性也得到了保障。

4）查缺补漏：对于在数字化转型过程中可能会出现的问题和矛盾，需要在规划中一一说明，并制定相关预案。数字化转型不是简单地上一个系统或一个线上流程就可以了，在这个过程中，我们需要解决很多问题，比如设想与现实的差距，领导的期望值管理，利益受损方的反击（数字化转型确实会提升效率，但必定会损害一部分人的利益），系统的安全性及稳定性，项目目标与领导想法的匹配，行政数字化与HR、财务、IT的数字化的同步等一系列问题。这些问题也是决定数字化转型能否顺利落地的重要因素。

第三步：我们需要控制HC（预计招聘的员工人数）和项目成本

数字化转型的工作，只是行政部门工作中的一个项目，不能影响行政部门的整体工作布局。因此，初期做好HC和项目成本的规划，能够帮助我们减少人力资源浪费并降低投产比过低的风险。

为此，我们对原本按照三支柱理论设计的行政组织进行了调整，根据过往工作安排重新调整了工作侧重点，不直接定义任何人为SSC（共享服务中心）或COE（领域专家），而是按照前台、中台和后台3个层级进行调整。通过这种方式，我们将原来的行政部门副经理从繁杂的事务性工作中解放出了一半的生产力，并将这些生产力投入本次数字化转型的工作中。

组织调整后，紧接着就是培训。开展培训并不意味着现有的行政人员能力不足，而是通过培训，让其更快地理解数字化转型后的工作重点、所需技能及具体的工作内容。同时，这也是为后续的优化工作做准备，如果发现有不合适的地方，可以在培训后及时优化。

在数字化转型中，改革就是组织变革。只有通过组织变革，才可能让新事物落地，但在落地的过程中，我们需要注意采用柔性的方式，不能轻易地采用大刀阔斧的方式，以免过度冒进对自己产生不利的影响。

第四步：我们需要设定未来三年的发展目标

我们梳理出了以下简洁明了的三年目标：

第一年：完成 70% 以上行政流程的线上化，完成 60% 以上行政数字化子体系的搭建和运行。

第二年：完成 85% 以上行政流程的线上化和系统化对接，实现后台数据互通，数据看盘可实时更新。

第三年：行政数字化系统的数据开始为行政运营及优化提供数据支撑。

以上内容就是一个完整的行政数字化方案。然而，我们要意识到从方案到落地，需要通过实际的行政工作才能实现。因此，在数字化转型中，我们需要认真执行每个步骤，并且在执行过程中不断调整优化，以确保计划有效落地，让数字化转型成为企业发展的强有力支撑。

思考题：
请参照本节的思路，考虑如何为自己部门做一份三年期的数字化转型方案。

第 5 章

行政人的平台化思维

从三支柱到行政BP

从本质来说，平台指的是一个资源共享、能够实现共赢的、开放的生态系统。对于行政发展而言，平台也是组织架构，目前行政组织架构升级的趋势是建立三支柱（即行政 COE、行政 BP 和行政 SSC）体系，而三支柱体系中的行政 BP（行政商业伙伴）是更多行政人向往的转型方向。本章将详细介绍转型行政 BP 的指南，并从行政的三支柱转型讲起。

5.1 行政的三支柱转型

问题：目前的行政部门工作做得挺好的，为什么要转型三支柱呢？

在很多公司，行政人之所以觉得没有存在感，根本原因无非是上不能支撑战略，下与业务部门脱节，对内没有服务好内部客户，对外处理不好供应商和外部合作伙伴的关系。为了解决这些问题，一些行政人就尝试转型为三支柱，这似乎是一个不错的选择。然而，如同很多人力资源专家所说："将人力资源管理转型归结为设立'三支柱'的人力资源管理结构/组织，是一种错误的理解！"同样地，将行政的管理转型寄托在三支柱上，也可能是一种错误的理解。

实施行政三支柱时，你是否考虑过以下几个问题：

1）你所在的部门架构及人员储备是否能支持三支柱的实行？

2）你所在企业的规模和工作量是否能承受得起行政部门如此细致的分工？例如，COE岗位一般只在员工人数过千的企业才需要配置，如果不到一定的人数，配置COE岗位则是浪费资源。

3）如何确保行政部门各模块间的协同作业效率？

4）是否准备好了相关人员的胜任力模型？

5）是否准备了预案来应对实施过程中可能遇到的困难和挑战？

下面我们以设置SSC岗位来举例。

1. SSC适合哪类企业？

1）成规模的中大型多地布局类的企业。

2）对于合并后的企业，公司整体的行政管理模式和流程高度一致，行政管理人员倾向于进行集中管理。

2. SSC在成立过程中容易面临哪些挑战？

1）定位不清晰，与行政部门其他模块或BP、COE职责区分不明显。

2）公司的OA或信息系统不支持。

3）公司规模小，难以实现SSC的规模效应，导致服务效率低。

4）既有人员能力不足。

5）组织架构变化较大，对现有行政业务造成冲击。

6）缺乏规范的流程制度。

7）运营成本超出预算。

3. SSC的发展趋势是什么？

1）转型为SDC（共享交付中心）。

2）与COE融合。

3）转型为大数据处理及分析中心。

4）流程优化与流程再造。

5）提高新技术占比，提高业务处理自动化与智能化水平。

互联网思维和各类新技术在行政工作中的应用，不仅加快了行政数字化转型的速度，还带来了以下有益的影响：

1）通过流程优化、流程再造和流程标准化、数字化的信息快速传递，实现全流程透明。

2）提高内部的信息沟通和共享效率，简化内部运作节点，从而解决部门之间的协作问题。

3）利用合同、数据统计、项目数据、库存管理、资产等方面的大数据分析，实现行政资源更加合理的配置与共享。

可以看到，新思维和新技术的加持对行政部门的工作确实能起到十分积极的作用。回头来看，传统的行政部门常被人诟病的情况有哪些？

1）行政部门缺少对业务部门的了解，不接地气，业务部门在需要行政部门的支持时，往往很难获得所需的支持。

2）只顾及高层领导的需求，忽视对普通员工的支持和理解，按既定工作模块和自己对业务的理解强推相关工作，业务部门感受到的不是价值而是管控。

3）行政人专业技能不足，在面对专业、复杂或以往未处理过的事情时，不知从何着手，难以为业务部门提供有效的支持，更别提为业务部门制定个性化与集成化的解决方案了。

许多行政人想要转型成为"屠龙者"，但随着时间的推移，他们却变成了"恶龙"。随着公司的发展，行政部门与业务部门日渐疏离，日常琐碎的事情占用了行政人大量的时间，而且行政人还乐在其中。转型三支柱是以业务需求为中心的必然趋势，也是对工作思路的进一步升级和迭代。

对于传统的行政工作而言，60%的时间花在处理重复性的事务上，

30%的时间用来"救火"或做项目，只有10%的时间才可能用在了解业务需求并提供有价值的服务上。这样的行政人不仅充当管控的"急先锋"，还要去做被抱怨的"小秘书"，难免服务效率低、满意度差。

相比之下，以业务需求为中心的行政部门则需要设法将处理事务性工作的时间比例降至30%以下，将60%的时间用于根据业务需求提供有价值的服务，剩下的时间则用于规划自己的下一步工作，以应对业务和公司战略的需要。在这样的思路下，行政部门不仅会成为业务部门的伙伴和专家，更会成为推动数字化转型和技术驱动的部门，并通过精益管理提高效率和满意度。

行政三支柱模型是以业务需求为中心的工作分工和服务模式。行政三支柱模型和业务的关系是怎样的呢？可以参见图5-1。

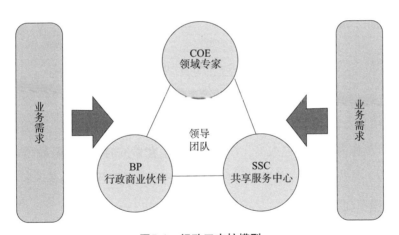

图5-1　行政三支柱模型

行政三支柱模型的设置可以让行政人更高效地服务业务，满足业务需求。让行政人更有针对性地为组织创造价值。这也是因为行政三支柱扮演着不同的角色并被赋予不同的定位。行政三支柱的角色与定位可以参见图5-2。

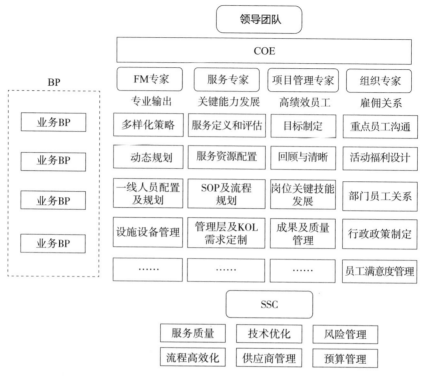

图5-2　行政三支柱的角色与定位

衡量行政三支柱转型是否成功，可以参考以下维度：

1）作为行政管理人员，在战略工作上花费的时间是否开始增加？

2）作为BP，在战略、方案设计和成果交付工作上花费的时间是否开始增加？

3）作为COE，在战略和设计工作上花费的时间是否开始增加？

4）作为行政人，在具体的事务处理和服务性工作上花费的时间是否开始减少？

我们可以使用漏斗图（见图5-3）来更好地理解在面对客户服务时，我们在每个层级应该花费的时间精力。

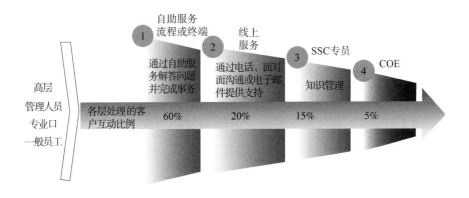

图5-3 漏斗图

最后，对于三支柱而言，我们需要哪些核心的能力和知识呢？可以参见图5-4。

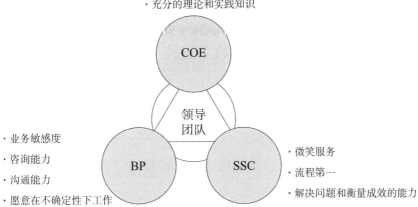

图5-4 三支柱能力一览

行政人要往三支柱转型，需要提升以下关键能力：

1）业务敏感度：快速识别和理解业务形势的变化，且能将变化与自身的业务联系起来并采取行动。

2）咨询能力：用专业知识和态度取得业务部门的信任，以此获得机会。

3）人际关系和影响力：行政工作需要与人打交道，良好的人际关系和影响力可以提高服务效率和成功率。

4）愿意在不确定性下工作：三支柱的核心直面需求，而需求是变化的，变化带来的不确定性非常容易让人产生挫败感，如果不能接受这种挫败感，不能突破自己的上限，行政人将很难获得有效的成长。

5）解决问题和衡量成效的能力：无论 SSC、BP 还是 COE，解决问题和衡量成效都是核心的关键能力，无法做到这两点，其他努力都是徒劳。

思考题：
如果让你来做行政BP，你觉得自己还有哪些需要提升的技能？

5.2 从案例的角度理解行政三支柱

问题：行政三支柱对于公司战略的达成分别起到什么作用？

行政三支柱源自人力资源三支柱，最大的区别体现在实操中：行政部门更多地围绕着服务 / 体验和项目来开展工作，而人力资源部门则围绕着战略和项目来开展工作。

假设在一家全国连锁的物业公司，在某地的项目点一共有 5 位成员：项目点经理、小 A（综合后勤兼行政 BP）、小 B（销售）、小 C（保洁）和小 D（保洁）。在过去半年，该项目点一直处于亏损状态，经过分析，项目点经理认为主要原因如下：

1）公司目前提供的服务无法吸引新客户。

2）物价上涨导致成本上涨。

3）老员工缺乏忧患意识。

因此，项目点向总部提交了以下业务策略调整申请：

1）根据客户反馈，提供个性化的服务。

2）优化物料采购。

3）优化人员结构。

为方便理解行政三支柱，在这个案例中，我们设定负责该项目点行政工作的 3 名行政人分别是：

1）该项目点的综合后勤兼行政 BP。

2）总部行政的 COE。

3）总部行政的 SSC。

基于以上设定，我们具体来看行政三支柱是如何进行分工，从而支撑项目点的业务策略的。

5.2.1　行政BP

什么是行政 BP？简单来说，行政 BP 就是配置在某固定业务团队，作为业务部门的行政工作接口。行政 BP 基于总体行政资源和规则，为公司提供各类行政解决方案。其工作可以理解为由内到外和由外到内两个方面。

1）由内到外：根据对当下团队业务需求的分析和理解，从业务需求、资源配置、工作重点及团队文化等多方面解构能够支持当下业务部门战略的工作规划，并制订落地计划。同时，作为团队与 COE 及 SSC 的行政工作接口，细化最终适合该团队的可行性落地方案并协调落地。

2）由外到内：当总部行政部门有新的项目或政策出台，需要落地至各业务单元时，行政 BP 需要参与其中并理解整体项目或政策的细节。根据业务部门的实际情况，对项目及政策提供可行性的落地建议，并按照总部行政部门要求，完成项目的具体落地。

回到本节的具体案例中，我们按照由内到外和由外到内的方式来分析。

首先是由内到外分析项目点在新的业务策略中需要哪些行政支持，并确定是否涉及资产调整、营业执照变更、营业场所变更以及人员变更等问题。基于这些需求，我们进行具体问题的分析并制订相应的落地计划。比如，某位销售人员要离职，那么行政 BP 需要负责处理资产清点等方面的问题。如果涉及经营范围的扩大，则同样需要行政 BP 来负责相关的工作。

我们再通过由外到内的方式进行分析，根据业务部门提出的策略，行政 BP 需要将涉及的情况一一列出，并和总部 COE 及 SSC 确认各项工作的实施细节。

5.2.2　COE

什么是行政 COE？行政 COE 是领域专家，主要提供各类流程优化、行政模块优化和专业咨询支持等服务。尽管现在行政领域中的COE 比较少，且一般都是兼职状态，但同样地，行政 COE 也分为内外两部分职能。

1）由内到外：行政 COE 需要对整个公司与行政部门可能关联的业务需求和外部行业动态进行分析。行政 COE 对各个模块提出需要优化和调整的地方，并据此进行项目设计，制定落地计划，从而对行政BP 和行政 SSC 进行系统交付，并根据行政 BP 和行政 SSC 的反馈对项目设计和落地细节进行调整和优化，以便行政 BP 和行政 SSC 顺利完成任务落地。

2）由外到内：行政 COE 需要行政 BP 提供的业务需求或行政 SSC提供的用户反馈，分析哪些行政模块可以提供更优的解决方案或如何进行改进，并提供支持将优化措施落地。

回到本节的具体案例中，当行政 BP 遇到自身无法处理的问题时，他们通常会把需求提交给行政 COE。行政 COE 会结合自身专业能力和行政 BP 共同设计方案细节，协助行政 BP 完成工作。在这个案例中，大部分需求行政 BP 是可以自行处理的，只有像流程或职权范围无法应对之类的问题才需要寻求行政 COE 的协助。比如，行政 BP 遇到销售人员已经离职但是资产尚未收回的情况，如果行政 BP 有授权，那么他们可以直接与 HR 沟通处理方案。如果该问题无法在行政 BP 的职权范围内解决，行政 BP 需要将问题同步给行政 COE，由行政 COE 协助分析原因并提供解决方案，同时提出优化建议以避免类似问题再次发生。

5.2.3　SSC

什么是行政 SSC？行政 SSC 是行政服务的主要输出方，向客户提供具体的行政职能服务。他们的主要工作也分为由内到外和由外到内两个方面。

1）由内到外：通过日常的职能服务，不断提高行政职能服务效率和满意度。

2）由外到内：根据行政 BP 提出的业务需求或者行政 COE 提出的改进优化需求，行政 SSC 分配相关资源或提供相关服务，并根据行政 COE 提出的需求与行政 BP 的反馈对相应流程进行改善。

回到本节的具体案例中，在人员优化环节，行政 SSC 的工作就是在收到相关流程或在行政 BP 和行政 COE 提出具体需求之后，优化服务，分配相关资源等。

简单来讲，本案例中行政三支柱的角色分配为：行政 BP 负责提出需求，行政 COE 负责设计 / 优化模块和流程细节，行政 SSC 负责具体的落地支持。

> **思考题：**
> **行政三支柱在企业落地的难点在哪里？**

5.3　行政BP的职责是什么

　　行政 BP 应该做什么，不同的公司和专家可能会有不同的看法。这种多样性的根源可能在于行政 BP 在持续地设法融入业务，并试图用各种方式去提升行政专业度和地位。

　　很长一段时间以来，我们和很多朋友讨论了关于行政 BP 的话题，并听取了很多"大咖"的分享，我们觉得有必要系统地整理相关的知识与心得，以期抛砖引玉。

　　本节的核心问题是：行政 BP 的职责是什么？对此，我们将从以下 7 个观点进行展开。

观点1：一名行政BP的优劣，并不取决于他是否在大型企业工作

　　企业是行业的翘楚，不代表该企业的行政 BP 就是在行业里做得最好的。实际上，一位真正优秀的行政 BP 应该能够迅速融入企业文化和业务中。

观点2：行政BP是基于组织或平台的需求而生的

　　在传统观念中，行政部门的服务对象通常是领导，可能是直属上级，也可能是公司 CEO。然而，在实际工作中，行政部门的服务对象可能因为组织或平台的业务需要而随时发生变化。因此，一名融入业务的行政 BP 应该为谁服务呢？应该为组织或平台服务，而不是某一位领导。行政 BP 应该通过体系、流程及实操，萃取组织、平台及领导者身上的经验和文化，来帮助这个组织或平台获得更强的生命力。

观点3：行政BP在业务中的角色是通过观察业务问题并解决业务问题来形成闭环

要实现融入业务，行政 BP 必须懂业务。那么，怎样才能深入了解组织或平台的业务呢？

以一个公司为例，这家公司的主营业务是数据中心运营。对于数据中心运营而言，组织或平台是通过什么样的商业链路将产品交付给客户的？行政 BP 需要清楚整条链路的每个环节，例如，数据中心是如何建设的？如何在建设中满足客户的个性化需求？需求是自内而外地处理，还是自外而内地处理呢？如何让最终的产品超越客户的需求？机房的资源最终是通过什么样的渠道销售的？我们是做散客，还是销售算力，或是通过定制化建设来针对大客户进行销售？从行政 BP 的角度来看，需要弄清楚整条商业链路，那么需要清楚到什么程度呢？

首先，行政 BP 要清楚这条链路的损益点在哪里，虽然不需要深入了解业务具体的损益构成（因为行政 BP 不需要对链路的商业价值进行评估），但行政 BP 要明确知道商业模型的损益的计算方式和盈利点。

其次，行政 BP 要从客户的角度思考，弄清楚客户选择我们的原因。行政 BP 要弄清楚公司的数据中心运营和竞争对手的数据中心运营的定位分别是什么，分别给什么类型的客户提供服务。换言之，行政 BP 需要主动了解竞争对手的情况，了解它们的定位和销售对象。为什么要了解这些呢？因为行政 BP 需要明确行政服务的组织的人员构成和服务标准，了解竞争对手的情况可以帮助行政 BP 更好地理解业务，为组织提供符合市场需求和行业趋势的服务。

观点4：通过业务的健康情况来规划行政BP的工作

在了解业务链路的过程中，行政 BP 还能获得什么信息呢？这个过程可以帮助行政 BP 识别出组织的核心竞争力，并梳理出行政 BP 能为组织创造重要价值的工作内容。

作为行政 BP，我们在将需求转化成具体的行动计划时，要考虑对于组织的损益、效率和支持力度等方面的影响，同时需要考虑对部门管理者的支持。因此，行政 BP 懂业务是非常必要的，行政 BP 在为组织或平台服务的过程中，需要考虑这个组织或平台的健康状况，需要思考能做哪些事情来让这个组织或平台更加健康。

这需要一个认知转变的过程，大部分行政 BP 可能很难主动地对这些事情进行系统性的思考，会有灵光一现的时刻，但思绪常常又被具体的工作带走。事务性的工作固然重要，但行政 BP 要想持续获得提升，经常抽时间定期思考组织所从事的业务是否健康是非常关键的。

例如，在我之前就职的公司，业务伙伴时常会征求我对于业务开展的建议。为什么呢？因为"当局者迷，旁观者清"，优秀的行政 BP 往往比业务人员更容易抽离业务本身看问题，从而站在更大、更高的维度看问题，我们可以充分利用此优势。

观点5：通过了解组织或平台的架构来决定行政部门的组织架构如何搭建

除了融入业务，行政 BP 还需要学会通过了解组织或平台的架构来决定行政部门的组织架构如何搭建。

在与朋友交流时，我们会很关心他们是否深刻地了解业务。例如，与制造业的行政朋友沟通时，我们会问："能不能告诉我们，这个行业的背景是什么样的？在公司里，行政部门在哪个环节起到了促进业务发展的作用？"通过一系列的引导，我们会将这个组织的业务（不涉密）尽可能地问透彻。最后，我们还会问关于行政组织的情况，例如我们会提问："行政部门现有团队的架构、人员能力如何？行政部门所服务的业务团队是谁？他们对我们服务的反馈如何？行政组织是如何搭建的？"

为什么要问行政组织的情况呢？因为行政部门的组织架构对于保障组织业务的发展有很大的影响。近年来，有一种说法称行政部门要给组织赋能、要给资源赋能。为了实现"赋能"这个目标，行政部门需要清楚在特定的业务环境下，自己的组织架构应该如何设计。设计的方案必须根据业务情况制定，不能草率地采用标准化体系，否则不仅不够专业，还无法有效地助力业务。

观点6：通过组织或平台在沟通上的健康状况来关注行政部门的行动

行政部门作为一个统筹管理型的部门，难免会遇到公司部门之间存在矛盾的情况，例如技术部门和产品部门有矛盾，或者运营部门和测试部门有冲突。面对这些情况，作为行政BP的我们应该怎么办？我们不能简单地站队摆立场，而是要学会用工具和方法来解决问题。

作为行政BP，我们服务于组织或平台内的各个部门，并且与它们处于平等的地位。因此，遇到困难和挑战，我们不能只是简单地告诉业务部门"不能这样""不能那样"，这样的应对既不是业务部门所需要的，也不利于我们与业务部门建立良好的关系。

学会通过搭建场景来解决问题很重要，比如，当我们发现某人喜欢乱扔垃圾，就每天去絮絮叨叨地提醒，很难产生效果。更好的策略是给他搭建一个场景，设法让他参加垃圾分类的志愿活动，让他自己发现乱扔垃圾的人是在给别人添麻烦，让他自然地意识到问题所在，从而自愿改正。同理，对于团队中存在的冲突与矛盾，不能只是想着把矛盾或问题压下去就万事大吉，更好的选择也是通过搭建场景的方式来解决，比如组织一次活动，邀请技术部门和产品部门协作来解决一个问题，从而消除彼此之间的偏见与矛盾。

最后，要做到对事不对人。事情有对错，但个人在当下的反应或者行为和他所在的位置息息相关。遇到事情，我们应该先思考为什么对方会这样做，而不是认定对方有问题、不专业或不成熟，直接否定一个人或戴着有色眼镜看人是行政人的大忌。所谓初级行政人做事靠心情，中级行政人做事靠社交，高级行政人做事靠体系，而"大咖"做事情靠情商，不外乎此。

观点7：组织或平台的需要决定了行政BP的定位

行政 BP 的定位源于组织或平台的需求，不仅包括领导的需求，也包括业务部门的需求。有的行政 BP 十分擅长处理各种公共事务，在满足了特定的需求后，业务部门就会觉得他们相当专业，自然就会非常愿意与他们合作。有的行政 BP 懂业务部门的业务，当业务部门一说最近的业务方向，他们能够立刻理解业务部门需要什么样的支持，进而获得业务部门的认可与信任。做行政 BP 最怕的是什么？就是看似什么都懂点儿，但没有真正专精于某个领域，以至于成为一名"管家"或"知心姐姐"，难以为组织或平台提供高效的支持。

十年前，我们可以将行政 BP 定位为"小棉袄""知心姐姐""管家"等角色。但现在，我们应该将行政 BP 定位为"业务的搭档"，与业务部门紧密合作并为其提供更高效的支持。因此，行政 BP 需要不断地了解组织或平台的需求，并根据需求不断地调整自己的发展方向和定位。

思考题：
你觉得行政BP的核心价值是什么？

5.4　行政BP经理的价值

问题：最近我被晋升为行政BP经理，面临两个问题：一是如何与其他部门的领导对接工作；二是如何管理行政BP团队，或者说我的角色是什么。

从传统意义上来说，中层管理者扮演的是一个信息中转站的角色，收集底层信息后，进行筛选并分发至相应人员或流程处理，同时追踪工作进度和相应问题，在团队内传递经过优化的信息，充当团队和管理者之间的桥梁。在数字化时代，中层管理者可以通过妥善利用各种方法论和工具管理团队，提升团队的工作效率，从而减轻管理压力。

《中国职场压力报告2021》[⊖]中指出"工作的不确定性"等因素令职场人压力指数再创新高。对于中层管理者更是如此，其最主要的压力来源是"工作价值的不确定性"。本节开头提出的问题便是一个典型的"工作价值充满不确定性"的场景，下面我们讲一个咨询案例方便大家对这个问题有更深入的体会。

老许，我被任命为大区行政BP经理，除了统筹其他部门的行政外，原来的部门还是由我继续独立负责，我现在面临一个问题：我该如何和其他部门的领导对接工作？

一种方案是我直接介入各个业务领导的部门工作中，与他们直接对话，了解需求后再将其拆分给下属去执行。这种方案的优点在于我可以第一时间了解到最精准的需求，但缺点是我可能会成为所有需求的归口，我担心自己的时间和精力难以支撑。

另一种方案是我定期和行政团队的伙伴沟通，了解他们的工作情况。这种方式的优点在于我之前与这些行政团队成员属于平级关系，这种方式他们更容易接受，但弊端是我只能了解到他们想让我知道的信息，并且我们有周例会，通过这种方式

⊖ 脉脉数据研究院以及"开课吧"等中国在线职业教育平台，针对职场人展开的一年一度的压力调研产生的报告。

了解到的情况和周例会汇报的内容会有重复。

为了解决上述问题，我们先要了解行政 BP 在不同阶段应该完成什么工作。图 5-5、图 5-6 及图 5-7 提供了一些指导，可以帮助我们回答这个问题。

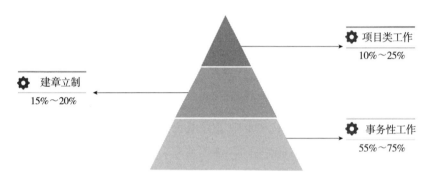

图5-5　初级行政BP的工作内容占比

初级行政 BP 的工作特点为：

1）由行政主管担任，也是现阶段大部分行政 BP 的状态。

2）这个层级的 BP 基本和部门行政助理类似，主要工作就是协调总部行政和部门的需求。

3）负责很多部门内的行政类事务工作。

4）独立工作不带团队，不涉及业务部门的核心规划，不参与具体业务或项目。

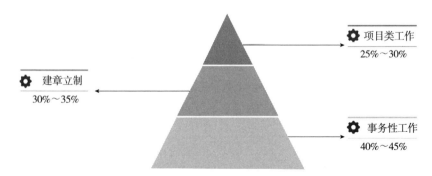

图5-6　进阶行政BP的工作内容占比

进阶行政 BP 的工作特点为：

1）这类 BP 一般是有行政经验丰富的行政人转职过来的，可以支持一个大的业务单元或几个小的业务单元。

2）这类 BP 能将事务性的工作通过流程或转给 SSC 来将自己的时间解放出来。

3）这类 BP 将更多的精力放在了解部门业务上，从而更好地提供个性化解决方案。

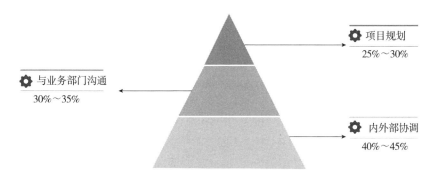

图5-7　行政BP管理者的工作内容占比

行政 BP 管理者的工作特点为：

1）管理 BP 部门，主要工作是通过协调和梳理，指引行政 BP 开展工作，更好地分配资源和优化组织结构。

2）通过与业务部门领导更紧密地沟通，从不同的维度了解真实的业务需求。

3）根据部门战略需求和个性化需求，为部门提供项目规划和落地方案。

除了了解各个阶段行政 BP 的主要工作外，行政 BP 还需要在另外两个方面来体现自身的价值。

1）组织的优化。例如，增强团队凝聚力，培养团队归属感，优化组织结构，适当减少管理层级等。作为管理者，我们需要着力训练和学习沟通技能、教练能力及人力资源管理相关知识。同时，组织的优化是一项需要持续进行的工作，目的是集中资源，投入更有价值的项目或人员上。

2）业务的优化。对行政人来说，有三条同等重要的发展路线：服务专家、专业专家和管理专家。选择服务专家路线的行政人专精软服务，以优化客户服务体验为价值所在。走专业专家路线的行政人可以仅凭在专业技术上的能力朝 FM 或 COE 的方向发展，不必将注意力转移到管理别人、发展团队等琐事上。选择管理专家的行政人则需要兼具专业技能与管理能力，要向团队明确使命和目标，消除达成目标过程中的障碍，合理调配或获得资源，并指导和培养员工。

如果我们选择的路线是管理专家，那么我们会发现目前所在的组织对行政 BP 正在进行"赛马"和试错。最大的风险在于，行政 BP 很可能需要对有问题的工作决策承担责任，同时关键任务更多地依赖于个人的主观能动性，而不是组织的赋能。在这个阶段，行政 BP 能够展示的价值主要包括以下两个方面：

1）帮助团队与业务部门领导建立互信。每位行政 BP 与业务领导的沟通方式、关注点以及反馈的信息都不同。行政 BP 团队的管理者与业务部门所站的角度不同，自然沟通的立场不同，因此获得的信息也不同。例如，在日常工作中，团队成员间沟通得更多的是工作，而作为团队管理者需要超越事务性工作本身去开展沟通工作和协同工作，毕竟我们的职位变化了，能调动的资源和话语权自然也会变化。

2）帮助行政部门的大领导筛选出可供决策参考的有价值的信息。在设立行政 BP 经理岗位前，行政部门的大领导很难获取有针对性、有效性强的信息。因为各个行政 BP 为了体现自身的价值，会从自己的经验角度出发，设法用各种信息来体现价值，大领导很难分辨这些信息的重要程度和紧急程度。因此，面对这种情况，行政 BP 经理可以通过对业务需求的分析和梳理，筛选出有用的信息并找到需要的资源，提供给大领导，在取得支持后，通过整合资源做一些真正有价值的项目。

此外，作为管理者，你还需要在组织优化方面发挥作用。之前所有行政 BP 都是平级，而我们一旦被任命为管理者，可能存在行政 BP 不服的情况。因此，我们需要想好如何利用一套相对公平、公开的规则来分配资源。同时，我们要知道领导的权威性不仅仅是专业和绩效带来的，我们还拥有任命下属的权力，这种权力也是我们进行组织优化的强有力抓手。

> **思考题：**
> **如果你是这位履新的BP经理，你会如何开展工作呢？**

5.5 从案例看行政BP落地的问题

问题：感觉行政BP除了给部门打杂以外，似乎没有什么特别重要的工作可做，实际情况是这样吗？

本节我们将围绕以下 5 个小问题展开：

1. 领导不提供资源，怎么办？

很多时候领导之所以不提供资源，是因为他们不清楚我们需要哪些资源，或者担心万一最终无法提供所需资源会影响他们的领导威信。在这种情况下，建议在向领导汇报工作进展时，试探性地提出所遇到的问题并说明需要哪些资源来解决问题。如果领导流露出能够协助解决问题的意愿，那么就可以正式地提出方案和请求。

我们来看一个案例，某业务部门领导认为行政 BP 不重要，不允许行政 BP 参加业务部门的会议。原因在于业务部门领导不清楚我们能做什么，以至于不信任。这种情况下，行政 BP 可以考虑找自己所在部门的领导寻求帮助。如果自己的领导与业务部门领导的关系不错，可以尝试申请旁听会议，同时说明不会影响业务开展。多听一段时间，后期我们自然就能正常参加会议了。不过，要记得先试探性地询问自己的领导是否能够为自己争取资源，以免领导陷入尴尬的境地。

如果我们的领导协调不下来，怎么办？我们要把握住业务部门的三类人——领导、KOL 及"技术大拿"，他们对业务部门的决策具有重大影响。如果我们搞不定业务领导，可以和 KOL 讨论需求，或者和"技术大拿"讨论需求。如果没有明确的需求，就需要主动地创造需求或者发现需求，并提前为业务部门想出一些可行的方案。不要期望一开始就能做高端项目，因为行政部门和人力资源部门是不同的，人力资源部门拥有成熟的体系和操作流程，但行政部门缺乏这些支持，所有的行政项目都需要通过交流才能实现。

2. 领导对后续工作没有规划，怎么办？

再看一个案例，一位行政 BP 的领导采用"赛马"的方式来测试行政 BP 职能在公司落地的情况。该公司有 2000 名员工，配置了 8 位行政 BP，其职责范围覆盖了行政、人力资源、产品经理等领域，且均为经理级。虽然这种做法表现出了该领导的魄力，但是行政 BP 压力重重。

采用这样的组织形式和人员架构，原因在于领导不清楚行政 BP 在各个 BU 内能发挥什么样的作用，产生什么样的效能，以及行政 BP 的胜任力模型是怎样的。（领导采取这种"广撒网"的模式来测试行政 BP 职能的落地情况，的确是一种高效的举措，这也反映出该领导在公司高层有一定的影响力，否则这种激进的举措很难通过。）

对于作为下属的行政 BP 而言，这种激进的举措带来了很多不确定性，他们需要自己开拓道路、摸索经验。我们的建议是争取更多的工作任务，例如，可以争取企业文化、培训、HRBP（人力资源业务合作伙伴）等部门的相关工作任务。换言之，没有需求就主动地创造需求，通过研究其他部门的工作清单或同行业公司的活动清单，或与同行业的行政人交流，发掘更多的工作方向。只要坚持下去，前方的道路就会变得更加宽广。

3. 行政BP与HRBP职能重叠，HRBP觉得我抢活，怎么办？

我们可以通过面谈来说明情况，强调自己的目的并不是要争抢他们的工作，而是想为公司多做出一些贡献。我们可以主动地把自己的工作材料共享给HRBP，如果HRBP愿意分享相关材料，我们也可以参考这些资料，并建立共享机制，这样就可以逐渐建立起互信的基础。

4. 公司福利太好，不知道自己能做些什么工作，怎么办？

"福利太好"其实是意味着预算足够，我们将有足够多的机会来发挥自己的创造力！通常情况下，员工并不会觉得公司福利太好，所以有提升员工体验感的空间。我们可以通过对比同行业、同级别公司的福利清单来识别我们有哪些可以提升的地方。例如，将人均20元的下午茶升级到30元，增加夜宵福利，或者将不健康食品更换为新鲜水果。

此外，我们还可以在网络平台上搜索各种活动和福利，能够找到很多不重样的做法。所以，只要预算充足，就没有所谓的"福利太好"而不知道该做什么事情的情况。

5. 行政BP高配而人员配置比低，怎么办？

上文提到"赛马机制"的案例，"赛马机制"引发的问题就是让一群能力很强的行政BP陷入内卷。行政BP要想在公司留下，最大的挑

战在于如何找到支持更多 BU 的工作任务。通常情况下，经理级别的
BP 要支持 3 ～ 4 个 BU 或一个大型事业部，他的工作量才能趋于饱和。
所以，针对这种情况，我们给所有的行政 BP 或者想从事行政工作的
人一些建议：首先，要"活"下来；其次，要主动地创造需求，争取
更多的工作机会；再次，在支持业务的过程中要注意获取对方的信任，
以便能获得更多的工作机会；最后，要不断地寻找机会，并抓住机会
支持更多的 BU。

思考题：
如果你是行政BP，你会如何开展工作以便融入业务部门呢？

第 6 章

行政人的跨界思维

行政人的自我发展

　　本章进入"六脉神剑"的最后一剑——跨界思维，跨界思维对行政人最大的助益在于对个人发展的启示。随着各种新技术和新岗位的不断涌现，一方面专业化分工日益明显，另一方面个体的崛起也为行政人的未来发展提供了更多选择，但这也对行政人的知识结构提出了更高的要求。尤其是在信息总量爆炸式增长的今天，每个人都在主动或被动地不断进行多专业的知识学习，然而，如何更好地获取对自己发展有用的知识是一个挑战。为了帮助希望自己多才的行政人高效成长，我们将从以下几个角度进行探讨，以寻找应对之道：

　　1）行政新人如何实现增值？

　　2）行政中层如何稳定地输出价值？

　　3）行政、物业、FM，该如何选择？

6.1　行政新人如何实现增值

　　增值，这个话题对于很多行政新人来说并不陌生，然而，不少行政新人在常规的制定目标、达成目标后，并没有实现自我增值，这是为什么呢？

　　我们先要厘清一个概念，什么是增值？简单来讲，增值就是价值的提升。试想一下，为什么同样是虚拟货币，有些货币市场价值很高，而有些货币却无人问津呢？

　　在分析原因前，我们需要了解一个叫职业金字塔模型的体系，它由行业、企业和职业三个维度构成。一个维度的变化可能会引起整个职业金字塔的变化。有些虚拟货币之所以市场价值高，是因为在使用广泛这个维度上占据领先位置。

为了实现个人的增值，我们需要有一个清晰的体系进行参考。在职业金字塔的体系下，我们会发现只有创新才能打破体系的惯性增长，也就是说，在原来的惯性增长中，别人走我们也在走，别人跑我们也在跑，我们就不会有弯道超车的机会。

如果把职业金字塔模型比作乐高模型，那么它是由一块一块的积木构成的，彼此紧密相连。这个模型中有大大小小不同的积木，有头部企业的大积木，也有中小企业或初创企业的小积木。你的职业发展路线也很明确，从模型的基层开始往上爬，爬上小楼、大楼，直至爬到最高的楼。在这个过程中，你可能会筋疲力尽，最终停留在某个地方。但你是否意识到这个体系存在一个问题？你不断往上攀爬的前提是：作为基石的企业需要足够坚固，让你有充分的时间去攀爬。然而，现实情况往往不那么理想。

一项抽样调查显示，中国民营企业平均寿命仅 3.7 年，中小企业平均寿命更是只有 2.5 年。随着技术的发展，有些红极一时的公司在短时间内崛起并迅速倒闭。以一位 22 岁毕业、65 岁退休的健康男性为例，他需要在职场工作 43 年，期间可能要更换 14 家中小企业或者在一家世界 500 强企业从创业干到退休。

为了在激烈的市场竞争中生存，如今很多公司开始跨界经营，比如手机制造企业开始生产电视机，电视机生产厂家制造汽车，金融公司开展保险业务等。这种跨界经营对职场人提出了更高的要求，即职场人需要从以往只是经营同事圈，转变为经营同行圈，甚至经营同业圈。同时，互联网让个体能够从组织内慢慢地脱离出来，去建立一套以自己为中心的新的职业体系。

在这种情况下，职业金字塔的 3 个元素——行业、企业和职业，便演变成了圈子、能力和特色。在 2021 年"淘宝双 11 购物狂欢节"中，某主播通过直播带货创造了 100 多亿元的销售额，这是在传统职业体系内难以想象的业绩。该主播将自身能力与特色发展到极致，并最终将职业体系的极值拓展到难以想象的高度。

值得一提的是，35 岁危机源于原有的职业金字塔结构，包括行业不景气、企业变化和职业层级下滑等因素。相对于那些靠资历在企业中"混迹"的中高层人员，具备圈子、能力和特色的人更容易适应新的职业金字塔结构。所以如果一名普通职场人迟迟没有进入资源层，最终的结果很可能是被新的职业金字塔淘汰。

对于职场新人来说，如何在新的职业金字塔体系中提升自己的竞争力呢？答案如下：

1）拓展自己的圈子。

2）建立适应时代的能力。

3）提升自己的特色（适应受众的特色）。

拓展圈子很容易理解，就是在同行圈、同业圈和粉丝圈，用自身独特的技能，将过去在组织内发挥的作用转移到圈子中，以提高自身的影响力。那么，如何找到自己在这个圈子中的独特之处呢？你可以试着回答以下 3 个问题：

1）我在这个圈子里比别人更具优势的能力是什么？

2）我在这个圈子里能为大家提供的最大价值是什么？

3）最让我感兴趣的事情是什么？

如果你能找到这三者的交集，就持续地做下去，你很快就会在圈子里形成自己独特的优势，从而形成个人的品牌和特色。

哪些是适应时代的能力呢？在这个兼具理性、感性和概念的互联网时代，有 6 种能力非常稀缺且重要，分别是设计能力、共情能力、讲故事、整合能力、升维能力、创造意义。

1. 设计能力

设计能力即"设置一种计谋，让事情得以推进"。换句话说，就是创造出一种新的解决方式，使事情得以顺利进行或创造出非同一般的用户体验。

2. 共情能力

简单来说，共情能力就是站在别人的角度思考，甚至思考得比别人更深入的能力，即挖掘出他人没有意识到的需求。

3. 讲故事

将一个复杂的事情讲成任何人都能够理解的故事，将问题清晰明了地表达出来，且符合逻辑，并使用普通人可以理解的符号和形象。

4. 整合能力

面对不断变化的时代，强大的人之所以强大，在于他们不仅快速学习，还能持续地将所学整合进自己的知识体系中。例如，从产品经理的角度去讲解行政服务，从团队教练的角度去讲解行政管理。

5. 升维能力

从产品的角度来看，基础的产品讲求性能，中级的产品是能帮助人解决问题的工具，高端的产品则是能为人传递出独特价值的道具。这个过程会使产品和服务逐步彰显魅力。

6. 创造意义

创造意义是一个人自我领导和领导他人的能力。如果你不想做某件事情怎么办？你的团队不想做某件事情怎么办？最好的办法是给这件事情赋予意义。当甘地领导印度人民开展非暴力不合作运动的时候，支撑他的是什么？当马丁·路德·金为黑人争取工作机会和自由权的时候，支撑他的又是什么？是对权力的追求吗？不！最主要的是他们对自由的渴望。

　　未来，如果有行政新人能将这六种能力整合到一起，成为一个会讲故事、能跨界、理解人心、有品位、追求卓越，同时具备升维能力的人，那么他将是一个既懂人性又懂技术的人，也是一个既具备解决问题的能力又充满魅力的人。

┃思考题：
┃你已经整合了哪几种能力呢？

6.2　行政中层如何稳定地输出价值

　　问题：行政工作的价值是什么？行政经理这个岗位如何更好地
输出价值？

　　对于行政工作的价值，不同的人会有不同的看法。我曾参加过一次线下聚会，几位行政人就这个问题展开了十多分钟的讨论，但最终谁也没有说服对方。为了弄清楚这个问题，我进行了一些调研，也询问了一些管理者。虽然他们给出的答案五花八门，但总结下来的核心观点是：行政人需要做好后台支持工作，不要给领导惹麻烦，如果能有所创新则会更好。

　　基于这个核心观点，我们该采取什么行动来稳定地输出价值呢？我的第一个建议是建立"体系"。所谓"体系"，就是一套规范化的标准，它脱离了人主观上的即兴操作，可以是一套系统、一套SOP，甚至表单或流程等。通过建立"体系"，我们可以让工作过程不再依赖于个人能力，而是成为一个按部就班的任务流程，不仅能够顺利地完成团队目标，还能将出错的概率降至最低。

通过建立SOP可以快速实现流程标准化。所谓流程，指的是处理具体事务时，按照一定顺序进行的一系列操作或行为，包括先做什么，后做什么，使用什么工具，检查点和交付物是什么等。

许多经验丰富的行政人在入职后，不会轻易去调整部门内的工作流程，而是首先了解部门原本的工作内容、分工，以及如何通过各种流程和协作完成日常工作来交付结果。

在流程的优化环节中，我们有时会陷入一个误区，即按照人员配置来设置流程，而不是按照具体工作来设置流程。如果我们按照人员配置来设置流程，看上去每个人的工作量都很饱满，但实际上这对流程非常不利。根据具体工作来设置流程，既容易评估团队中每个人的工作量，又可以责任到人，从而避免无法交付结果、责任难以追溯的情况。对于所有的流程而言，其设计之初不可能考虑到每个细节。因此，应该先对当下工作中最具实操性的动作固化其流程，然后根据具体的变化对流程进行优化，即先固化流程，再根据实操优化流程。

根据具体的工作设置流程后，我们就能优化具体的分工与岗位职责。有些行政管理者在进行部门工作分工和岗位职责划分时，常常会犹豫不决，不知从何处下手，主要原因在于流程不清晰导致分工不清晰，而分工不清晰就无法界定岗位职责。因此，用流程来梳理分工和岗位职责最大的好处就是能将岗位边界划分得比较清晰，团队成员各自负责不同的事务，互不干扰。

基于流程、分工和岗位职责，我们就可以考虑部门架构的优化了，看看是否需要增加或减少人员。借助标准化流程，我们可以将每项工作的步骤显性化呈现，进而计算出每项工作的时间，从而清晰地了解其工作量。这样，我们便有了一个科学可靠的依据。

最后，我们可以设立绩效考核机制。基于流程、分工、岗位职责和工作量等因素，我们设置权重和考核指标，这样考核绩效就不是"拍脑袋"了。例如，对重视结果的任务项可以只考核工作交付物，对注重过程的任务项则同时考核里程碑节点和交付物。同时，在权重上，我们可以通过分析工作量和交付物识别重要工作，将其权重设置得更高一些。

有了这样一套完整的工作思路，我们就能建立起一个稳定且可靠的成果输出平台。在此基础上，我们不仅可以进一步完善和提升工作质量，还可以做一些锦上添花的工作，何愁无法稳定地输出价值呢？

┃思考题：
┃你平时在工作中是如何体现价值的？

6.3　行政、物业、FM，该如何选择

问题：行政、物业和FM三者之间的关系是什么？我感觉它们差不多，为什么要分成三个专业呢？

行政、物业和FM是三个不同的专业领域，它们具有各自独特的职能、能力边界和专业技术要求。不只是一些行政新人分不清楚，甚至一些行政老人也不一定能讲明白。如果有人告诉你FM专注在设施设备及空间管理上，软服务是顺带的，那么你还是会觉得FM与物业在本质上没有太大的区别，还是不容易让人理解其差异。

接下来，我们尝试用一些例子来进行分析和解释，希望能帮助大

家更好地理解行政、物业和 FM 的区别。

举个例子：一个家庭要装修新房。妈妈负责与家人商讨、确定供应商、选购材料、安排施工团队、进行室内空气治理和完成搬家，这是行政的职责。在入住新家后，有一天发现水流突然变小，妈妈打电话找人来进行检查和维修，前来维修的人就是物业的。物业的人过来看后，发现是水泵房出问题了，该问题不在他们的掌控范围内，他们便联系专业人员来协助处理，专业人员一过来很快就处理好了，这些专业人员就是 FM 的。

再举个例子：某部门决定未来一个月对每笔支出进行分类记录，这就是物业的职责。如果未来一个月，某部门汇总了所有记录，分析各类支出在不同月份的差异，并制订了优化计划，这就是行政的职责。如果在记录和分析过程中发现设备存在故障，并需要联系专业人员来进行维修和管理，这是 FM 的职责。

从上面的两个例子可以看出，物业更着眼于对当下情况的处理，行政侧重于对未来的发展进行规划和创造，而 FM 则是在事项失控前对基础设施设备进行维护，以保障物业能"救火"，行政的发展规划能够实现。从另一个角度看，物业管理人员是各类现场信息的创造者，行政管理人员是这些信息的利用者，FM 人员是产生信息的来源的监察者。我们的观点是，行政永远不会被物业或 FM 取代，因为三者所处的生态位完全不同。但是，有个问题我们需要持续思考，行政除了保住基本盘、做好高附加值工作外，还有什么能超越物业和 FM 的价值创造点吗？

我们在这里要推荐的价值创造点是，从创造场景价值入手来提供差异化的专业价值。在"互联网 +"时代，行政、物业和 FM 的竞争将从单纯的服务或产品转变为场景竞争。因为场景承载了人、物、资源、需求及解决方案等元素，这些都是价值创造的关键所在。过去我们只是单纯地强调某个产品或某个服务，而现在客户需要的是基于场景的全面解决方案，这就是行政创造价值的重要载体。

理解"场景"这个概念，对于行政的数字化转型非常重要。它可以帮助我们通过构建场景来提供更多的产品和服务组合，从而从单纯的优化产品和服务的思考中跳出来，转变为根据场景配置具体的资源，从而提供更高的价值。

如何做到这一点呢？就像我们一直强调的，行政人应该具备互联网产品专家那样的用户思维。用户体验就是通过构建场景来创造价值的核心。对行政人而言，用户体验场景是从洞察用户需求出发，在多个触发点上与用户建立行动联系。换个角度来看，这就是端到云、云到网。"端"是指终端的产品与服务，"云"是指以数据分析为中心的中台或COE等输出产品及服务的智库，"网"则是指围绕具体场景为满足具体的用户需求和体验而构建的一种共创的价值网络。

基于场景创造价值，不仅仅是面对客户端要重新配置价值链，在供应链端也需要以用户场景为中心进行重新配置。过去我们选择供应商只看产品价格，但现在我们要考虑哪家供应商的产品能够嵌入更多的场景中，从而选择合适的供应商。此外，对行政人而言，我们需要开始理解在数字化转型的过程中产品等于服务，但数字化转型中的产品和服务已经不再是单纯的产品上线或数据化呈现，更多的是数据服务，也就是智慧化、物联网化。

在一定程度上，我们所说的场景化思维，其实也是产品和服务再数字化的过程，我们要学会用数据来推动"产品即服务"这一概念的落地。

思考题：
你觉得行政、物业和FM最大的区别是什么呢？

第 7 章

行政工作趋势

未来十年对行政工作影响最大的因素是什么？相信很多行政人都在思索这个问题，本章将从元宇宙、碳中和及生成式 AI 三个维度来进行分析。

7.1　元宇宙趋势下的空间及服务管理

问题：元宇宙对行政人会有什么影响吗？

我们认为元宇宙目前还无法对我们的生活和工作带来显著的影响，毕竟技术还不成熟。但是我们不妨设想一下，如果有一天大家都在元宇宙完成了数字孪生（也叫数字映射，即从物品在虚拟世界的还原到基于机器学习对业务或流程进行模拟和优化，从而预测未来，乃至在元宇宙中创造个人数字副本，抑或称为意识上传或备份），或者有一天元宇宙像微信一样被广泛应用，这将给我们的生活和工作带来翻天覆地的变化。

沟通方面，在书信发明之前，人们只能通过面对面的方式交流；在无线电发明之前，远距离通信只能通过口信或书信的方式实现；在电话出现之前，发送电报需要斟酌字眼，咬文嚼字。微信的出现使人们可以轻松畅聊，不再受时间和空间的限制。假如未来我们能进入元宇宙，那么时间和空间的概念完全可以被虚拟化代替。你甚至可以穿戴着设备躺在床上，让你的虚拟投影在现实中的某个会议室和多个与会者一起参加会议。当然，你也可以实现在元宇宙的某地"一心二用"地完成工作。

元宇宙的出现将使远程工作变得更加容易，比如，之前有家公司邀请许烨去杭州工作，即使许烨心有所往，但是因为距离太远，只能选择放弃。再如，尽管一位外国人在中国有非常好的发展平台和机会，但他在自己的国家结婚生子时，势必会面临去留的选择问题。

在过去几年的新冠疫情期间，尽管我们通过视频会议、飞书文档等协作软件让日常的远程办公与协作的效果更高效，但依旧存在人与人无法面对面沟通带来的一些局限性，如存在感弱、协作效率低等问题。在元宇宙中，类似的困难将会被有效解决，我们可以使用设备将意识投射到某个现场进行操作，完成后便可以轻松离开。这样既能保证工作效率，也能有效降低沟通成本。

但对于行政人而言，元宇宙的出现有利有弊。行政人很大一部分工作是办公支持或 FM 支持，如果人们普遍实行远程办公，办公用品是否需要尚且不说，办公空间与办公设备管理将完全用不到了。虽然元宇宙的运营仍然需要设备管理和空间管理，但这是运维团队的工作，和行政及 FM 是完全不同的模块。那么，元宇宙时代下，行政人的价值在哪里呢？

行政人可以使用基于数据的需求分析和基于用户行为的需求分析及预测，为业务提供更好的支持。在现实世界能收集到的数据是有限的，但在元宇宙中，一切行为都是数字模拟的，每一步都可以拿来分析，行政人可以使用合适的算法识别和统计每位同事的个性特征，从而为个人和业务提供更好的支持。

未来行政人的身份将更加多元化，未来的行政是以个人或小工作室的模式为企业提供服务的，也就是作为外脑为企业提供服务。为什么个人或小工作室的模式在元宇宙时代会大行其道呢？原因如下：

1）无论过去的传统时代、现在的"互联网+"，还是将来的元宇宙，降本增效都是企业最基本的需求，正如上文所述，元宇宙将极大地提高沟通的效率，从而会解放出员工更多的时间和精力。在这种情况下，企业会更倾向于选择一位共享员工，而不是一位全职员工。

2）数字孪生技术带来的个人数据副本会让企业有能力创建符合其需求的完美员工，即24小时工作、严格照章办事、沟通能力强、形象可亲的员工。过去行政人会觉得自己是一个集技能、知识及经验于一体的角色，很难被取代。但是在元宇宙中，数字孪生技术可以通过基于类似企业员工的性格测评数据、优势评估数据、员工敬业度调查、360度调查、成长路径、心态倾向、已有的技能认证、岗位胜任力模型及角色定位分析等维度，将一个岗位在不同层级的最优解给算出来，从而打造出符合企业自身需求的员工。

打一个比方，过去，行政人的成长就像打单机版的游戏，升级或通关全部要靠自己摸索；数字孪生技术则是相当于给了我们一部攻略，可以清晰地指导我们什么时候该做什么事情，去哪里能获得最大收益。当然，这种技术给行政人提供了更多的机会和选择，能以更高效的方式学习和发展自己的职业能力。别人花了十几年才摸索出来的正确道路，在元宇宙中，我们可以很便捷地获取，而且我们所学习的内容还会根据市场情况自动调整。

3）数字映射及元宇宙带来的虚拟化身为我们创造了更多的职业身份，让行政人转型为"斜杠青年"，从而获得更多的职业体验。通过虚拟化身，在元宇宙中，我们可以成为一名专业的活动策划人员、一名严谨的地产中介人员、一名培训老师，甚至是一名脱口秀演员。这仅仅取决于我们的能力极限，而不再受限于现实的时间和空间。

最后，虽然元宇宙在未来20年内可能不会完全实现，但在迈向元宇宙的过程中，各种新技术、新概念、新观点、新模式都将不断颠覆我们的生活，改变行政人的工作生态环境。行政人需要不断学习和适应变化，增强个人实力，以迎接未来的大变局。

7.2 碳中和趋势下的行政发展

问题：碳中和对行政这个领域会产生什么影响？

首先，给大家简单普及一下碳中和的相关知识。碳排放分为三个范围。范围一指企业控制范围内直接产生的碳排放，如公司车辆的碳排放；范围二指来自运营产生的碳排放，如办公室用电产生的碳排放；范围三指供应链上下游产生的间接排放。以腾讯公司为例，2021年的碳排放总量为511.1万吨，其主要由三部分组成：范围一的碳排放总计1.9万吨，主要来自发电机及其燃料、公司自有车辆等；范围二的碳排放量总计234.9万吨，主要来自腾讯自有、合建的数据中心用电和相关楼宇用电，这也是腾讯自身碳减排的重点所在；范围三的碳排放量总计274.3万吨，主要来自诸如数据中心设备在内的资本货品以及租用数据中心在内的租用资产。其中，范围二和范围三两部分合计占据了超过99%的碳排放量。

从实际操作来看，行政或FM能够影响的碳排放多为范围一和范围二的，然而这两类排放是很难减少的。一些行政人可能会问，如果某公司的大楼通过节能改造减少了电能的使用，从而减少了碳排放，不就是做了碳中和工作吗？实际上，对于大多数企业来说，碳中和的第一步就是减少范围二即来自运营产生的碳排放，如办公室用电所产生的碳排放。行政所保证的办公场所电力供应是对业务发展至关重要的，仅靠限电来减排是治标不治本的解决方案。对大部分中小企业的行政部门来说，节约用电通常只限于控制灯光和空调的使用，但如果是园区型的企业，则可以通过打造园区微电网（也就是使用绿电）的方式来实现减排。

有条件直接使用绿电的企业，其碳排放量自然会减少。但如果没有条件，那么园区级别的太阳能和风能发电设施也能大大减少碳排放量。当然，对于大多数中小型企业来说，这样一整套集合了分布式电源、储能、能量转换、负载监控和用电保护的系统，可能是一笔不小的投资。但在碳中和政策的推动下，这一投资有了合理之处。例如，甲方在进行碳中和分析时，发现范围三（上下游供应链导致的间接碳排放）非常高，甲方很可能会要求供应链降低碳排放。

除此之外，我们未来选择物业公司的时候，是不是也需要考虑碳排放的问题呢？在其他条件相同的情况下，如果一家物业公司做了碳减排的工作，例如空调制冷采用了水蓄冷技术和传感器技术来降低能耗，那么我们在撰写物业分析报告时就会更加倾向于选择这家物业公司的服务。对园区类企业和物业机构而言，通过 LEED 认证（一个能源与环境设计认证）不难，打造园区级和企业级的微电网更能吸引为大型企业做配套的上下游企业入驻，而且国家出台了相关政策，感兴趣的行政人不妨研究一下《关于推进电力源网荷储一体化和多能互补发展的指导意见》。

同时，未来物业企业还有一个更加有前景的盈利点，即做电力运营代理，也就是将园区的绿电上网交易。试想一下，如果一家物业企业拥有大量的园区，它甚至可以享有议价权。从以往经验来看，园区级的太阳能发电大概率是亏损的，但在碳中和的背景下，企业多余的电力可以上网销售并进行碳排放积分交易，还能通过使用绿电来吸引重视碳中和的企业入驻。这样看来，在园区碳减排上的投资就不一定会亏损了。

以上讨论的主要是对大中型企业的行政人可能带来的影响，其实对广大的中小型企业的行政人也有一个转型的机会！企业要参加碳积分交易，首先需要的就是碳交易员证书，而一个企业需要 5 张碳交易员证书才能正式进行交易。碳交易员证书是一个跨行业的通用证书，也是行政人在碳中和这个超大的市场中奋勇向前的敲门砖。有了这个证书，行政人就可以推动企业通过碳普惠机制来参与一些城市试点的碳积分交易，例如，一些城市正在试点的碳普惠平台，可将中小微企业的节能减排创造的减排量通过交易平台变成现金。这样一来，行政人不仅可以为企业创造更多价值，还可以拓展自身的能力边界。

碳中和可以探讨的内容很多，但它与行政实操相关的内容其实并不多，与其盯住大企业在减排、碳中和、碳足迹等方面的举措，不如看看我们实际能做些什么，为公司和自己提前做好准备。

7.3　ChatGPT等生成式AI对行政工作的影响

ChatGPT 的出现势必会对一些职业产生影响，甚至会导致一些岗位变得多余或者需要重新定位。很多行政人对此也表达过不同程度的焦虑和担忧，在我们看来，过分的焦虑是不必要的，关键在于我们怎样看待 ChatGPT。如果我们将其视为洪水猛兽，不愿面对甚至避之唯恐不及，那么我们反而会被它更快地取代；如果我们将其看作一种工具，那么它将为我们提供有效的帮助和支持，从而提升我们的工作效率。

7.3.1　ChatGPT是什么

比尔·盖茨曾说过，ChatGPT 的出现是他一生中遇到的"第二次技术革命"，其中，第一次是 Windows 操作系统的诞生。他曾给 OpenAI 团队出过一个题目，希望 OpenAI 团队能在 6 个月内让 ChatGPT 通过美国高中的化学测试（类似国内的期末考试）。出乎意料的是，OpenAI 团队在 3 个月后就达成了目标，并且 ChatGPT 在测试中的正确率超过了90%。

另外一个故事来自谷歌，当ChatGPT的注册用户在2个月内超过1亿时，谷歌对OpenAI团队研发的ChatGPT产品的定位发生了180°的转变。谷歌内部甚至针对这个产品发出了红色警报，因为如果谷歌没有类似的产品，就可能完全失去搜索引擎市场。

看完这两个故事，你一定更想了解ChatGPT是什么了。目前市面上的AI主要分为两类。一类叫分析式AI，也就是通过学习数据的分布规律，从而提供参考意见，例如我们常用的抖音推荐算法、人脸识别、文字识别、数据分析软件等都属于这类，其主要特点是通过这类AI学到的知识基本局限于数据本身。另一类叫生成式AI，也就是通过学习数据分布及数据的产生模式，从而展现出超乎想象的智能感。本章提到的ChatGPT、颠覆了很多平面设计与原画设计岗位的Midjourney与Stable Diffusion，都属于生成式AI。生成式AI的特点是通过海量数据的学习，让AI可以自行根据提问或关键字，组合或猜出用户想要的信息。

ChatGPT真正强大的地方在于，它不仅能够充分理解我们人类的问题和需求，还能够使用流畅的自然语言进行应答，这是以前的语言模型无法实现的。

如果说百度提供给用户的是信息的索引，那么ChatGPT提供的是结构化的信息汇总，并且使用自然语言与用户进行交互，让用户体验到更为智能、便捷的服务。

7.3.2 ChatGPT的流行对部门管理的影响

1. 岗位的摧毁者

AI替代人工，不是新鲜事，一位HR朋友所在的公司就下达了命令：给所有平面设计和原画设计人员两周时间，学习 ChatGPT 结合 MID 的工作流，两周后考试，如果通不过或不愿意学习，统统辞退并给遣散赔偿。从这个层面来看，生成式 AI 成了标准的岗位摧毁者，一旦跑通工作流，该工作流节点上的岗位都将受到影响，区别仅仅是所受影响的大小不同而已。

一位朋友分享过一个案例，一位创业者通过本地化训练 ChatGPT，然后将其产品化，这位创业者将这个产品卖出去后，购买这个产品的企业原有的文案人员和设计团队直接被优化掉了。

2．工作思路的改变者

随着 AI 技术发展速度的不断加快，例如 AutoGPT 项目的出现，让 ChatGPT 这类生成式 AI 不再局限于通过反复对话来实现某些功能，而是可以根据需求自动完成后续的工作。尽管有志之士会选择有效运用 AI 工具来提高自己的竞争力，但是从未来的趋势来看，人们会让 AI 去做大量的工作。所以，现阶段我们就需要开始思考，如何将 AI 工具嵌入工作流。

举一个例子，老许团队在招聘的工作流中，应用 ChatGPT 来分析岗位需求，输出 JD（职位描述），列出面试问题，评估简历，并且用 ChatGPT 编写简历筛选程序和自动提取信息后加入简历库的程序。这让负责招聘的员工的工作量至少减少了 20%，同时准确率也有了显著提高。同时，它还解决了业务部门不会写 JD、面试随意无法量化和简历管理全靠人工的问题。但目前来看，ChatGPT 非但不会对负责招聘的员工造成负面影响，反而可以帮助他们提升自身的工作效率，并体现出新的价值。一方面，他们已经有了将 AI 融入工作、用 AI 创造工具的经验；另一方面，他们节省出来的时间可以用来做更有价值的工作，拓展自己的能力边界。

3. 中间层的替代者

ChatGPT 不但影响了通过体力与智力建立优势的各类就业人群，而且也影响了中层管理者的权力。有些行政管理者觉得如果自己能够做好上传下达、关键决策、推功揽过，就不会被取代。然而，我们仔细分析后发现，其实中层管理者的工作面临很大的取代风险。

ChatGPT 等 AI 擅长协助计划与决策，其基于算法的决策基本上去除了人格化和个人利益因素。如果我们将决策的类型结构化，区分为执行决策、管理决策和战略决策。我们会发现，AI 首先能替代的是基层管理者的高度结构化的执行决策权力（如保安主管可以决定是否安排保安协助业务部门搬运东西，保洁主管可以决定业务部门的垃圾桶增加几个），目前的 AI 可以通过学习找到最合适、最高效的决策方案。接下来就是中层管理者的需要一定专业性、一定复杂性和综合考量的管理决策权力（如制定供应商评估标准、安排装修项目进度、安排搬迁、校对活动细节等）。目前，大多数行政中层管理者在专业性方面无法与 AI 相比。在复杂性和综合考量方面，AI 正在飞快地赶超人类。

7.3.3 行政人如何利用生成式AI提高工作效率

1. 快速搜索

过往我们查询某些规范的出处或者各类法规，需要由专业人员回答。对于我们常用的 ChatGPT 3.0 来说（其数据截至 2021 年 9 月），尽管中文数据量仅占到其总样本的 1%，但很多专业类的数据已经非常全面。在 ChatGPT 4.0 普及之后，专业知识可能已经不再是行政人的核心竞争力了，因为 AI 助手可以随时为使用者搜索专业知识并提供专业意见。

2. 语言翻译

ChatGPT 在翻译方面的表现取决于多个因素，包括源语言和目标语言的语言形式和结构、训练数据的质量和数量等。但相对于以前的机器翻译系统，ChatGPT 在翻译准确性方面已经有了很大的进步，并且远比很多非专业语言背景的人翻译得准确。

3. 总结摘要

ChatGPT 可以通过学习大量文本数据，理解上下文和语言结构，并提取文本中的关键信息，以生成简洁、准确的总结摘要。同时，ChatGPT 在保持信息完整性和呈现风格上更加平衡，因此它非常适合用于快速生成准确的、易于理解的文本总结，是行政人处理大量文件时的有力工具。

4. 顾问咨询

当我们使用过 ChatGPT 4.0 的图片分析和联网搜索回复功能后，我们预测普通咨询机构将会失业，因为 AI 不仅回答得专业且细致，还特别有耐心，成本也很低。这对于那些想要从事或正在做咨询的行政人算是一种打击。

5. 公文写作

类似公文这样标准化、格式化的文字，正是 ChatGPT 最擅长的内容。可以这样说，让 AI 写一份公文，我们只需要稍加修改便可以圆满地完成任务。

6. 方案撰写

有些行政人用过 ChatGPT 后，会说它输出的方案不够智能，但实际上，我们可以通过提示词让 AI 逐步完善方案，这个过程将会帮助我们将各类细节处理到位。

7. 程序编写

ChatGPT 可以通过自然语言处理技术和深度学习算法，帮助中小企业行政部门编写程序。换句话说，中小企业行政部门的数字化，利用 ChatGPT 可以实现自给自足。

8. 数据分析

我们只要将数据提供给 ChatGPT，然后告诉 AI 需要分析的内容，只需几秒钟，我们想要的分析结果就能生成。

当然，ChatGPT 还有很多的功能，如果我们让 ChatGPT 自己列举它的所有功能，它可以列举出数百个，并且它还可以提供应用场景。ChatGPT 在使用性上已经很强大了，而且非常具有创造性。

7.3.4　小结

有的企业引入 ChatGPT，鼓励员工使用，以此提升工作效率，让员工从事务性、低能效的工作中解放出来，专注于更具创造性的工作。

有的企业引入 ChatGPT，其目的在于降本增效，裁员就是不可避免的趋势，结果就是留下会使用 AI 工具的员工，承接被裁掉员工的工作。

归根结底，不管是 OpenAI 出品的 ChatGPT、百度出品的文心一言，还是阿里巴巴出品的通义千问，都只是一个工具，其使用方式和影响取决于使用它的人。我们要做的应该是借助这场人工智能的浪潮，让自己在事业上更进一步。

|写在最后|
行政人需要"六脉神剑"

　　行政人要做思维升级，那到底要升级什么思维呢？

　　对行政人来说，兼顾共性需求与个性需求是一个令人头疼的问题，同样的服务可能因为随着受众范围的扩大，导致产生更加复杂的需求。因此，"一招鲜"不再能吃遍天了，试想一下，你是一个负责数百人、上千人甚至上万人的后勤大管家，你想通过一项服务便让所有用户都满意，这无疑是一项极大的挑战。因此，行政人必须深入挖掘、把握和平衡用户的需求。

　　面对这样的问题，我们需要设想同一个用户在不同的角色和场景中的需求。例如，我们在讨论类似食堂用餐这样的消费类服务时，可以将用户分为强目的型、弱目的型和无目的型三种，并根据他们的不同需求来设计菜单、动线和出餐流程。强目的型用户需求明确，就是吃饱；弱目的型用户则倾向于浏览更多的选项；无目的型用户更喜欢推荐类的菜单。另外，用户的场景也不是一成不变的，例如，一个爱吃辣的用户最初可能属于弱目的型用户，但当他看到食堂今天推出的一道超级辣套餐时，就可能转变成强目的型用户。而当他上午不忙、下午有空的时候，中午饭便不着急吃了，和关系好的同事一起过来，随便看看、随便吃吃，他又变成了一个无目的型用户。因此，行政人在进行产品或服务设计时，既要能随时保持空杯心态，又要能在不同角色之间灵活切换，具有深度思考的能力。

行政人面对的用户并不是一个简单的群体。对用户群进行精细化分层，并通过对用户不同场景的洞察来感受用户，发现他们的痛点、痒点及爽点的过程，就是我们所说的挖掘人性的过程，也是互联网思维有效应用的过程。

当然会有行政人问，互联网思维对行政工作真的有用吗？我们想说，互联网思维是指在各类互联计算科技不断发展的背景下，对市场、用户、产品和企业价值链进行重新审视的一种思考方式。因为它的广博，因为它需要基于人性，所以我们需要将互联网思维更加具象化，并总结出行之有效的方法论。对于行政人而言，掌握好"六脉神剑"就足以应对现有的工作。

在此，我们要感谢所有读者的耐心阅读，感谢所有参与试读并提供修改意见的行政人，感谢行政联盟以及为本书写推荐语的前辈们，更要感谢机械工业出版社和编辑老师的辛苦付出，让本书能够顺利上市，为更多行政人提供价值。

许烨　姜美

二〇二三年九月于上海

|参考文献|

[1] 赵大伟.互联网思维：独孤九剑 [M].北京：机械工业出版社,2014.

[2] 希思 C，希思 D. 行为设计学：打造峰值体验 [M]. 靳婷婷，译. 北京：中信出版集团股份有限公司，2018.

[3] 李善友. 颠覆式创新：移动互联网时代的生存法则 [M].北京：机械工业出版社，2014.

[4] 张以哲. 沉浸感：不可错过的虚拟现实革命 [M].北京：电子工业出版社，2017.

[5] 彭耀. 升维：争夺产品认知高地的战争 [M].北京：机械工业出版社，2018.

[6] 艾瑞里. 怪诞行为学 6：非凡的决定 [M].徐娟，译.北京：中信出版集团股份有限公司，2019.

[7] 达文波特，金镇浩.成为数据分析师：6 步练就数据思维 [M].盛杨燕，译.杭州：浙江人民出版社，2018.

[8] 加勒特.用户体验要素：以用户为中心的产品设计 [M].范晓燕，译.北京：机械工业出版社，2019.

[9] 拉塞尔，弗里嘉. 麦肯锡意识：提升解决问题的能力 [M].龚华燕，译.北京：机械工业出版社，2020.

[10] 麦格雷戈.企业的人性面：经典版 [M].韩卉，译.杭州：浙江人民出版社，2017.

[11] 王丹. 管理学基础：理论与实务 [M].北京：北京理工大学出版社，2018.

[12] 郦巍铭，楼莉萍，章守明.现代人力资源管理 [M].杭州：浙江大学出版社，2017.

[13] 张文霖，刘夏璐，狄松.谁说菜鸟不会数据分析 [M].4 版.北京：电子工业出

版社，2019.

[14] HARTER J K, SCHMIDT F L，HAYES, T L. Business unit level relationship between employee satisfaction, employee engagement, and business outcomes: a meta analysis[J]. Journal of applied psychology，2002，87(2)：268-279.

[15] JUDGE T A, BONO J E. Relationship of core self-evaluations traits-self-esteem, generalized self-efficacy, locus of control, and emotional stability—with job satisfaction and job performance: a meta-analysis[J]. Journal of applied psychology, 2001, 86(1)：80-92.

|赞　誉|

一名行政人员想从新手成为总监，除了专业能力之外，还需要掌握很多职场技能、团队协作的方法和了解公司业务与行政之间的关系。这本书系统性地为新手提供了一条清晰的成长路径，帮助其成为公司的行政高管，有实践、有理论，贯通中外，值得深入学习。

庄帅

零售电商行业专家、百联咨询创始人

这本书从行政体系化建设的场景落地，到行政工作平台化创新思维的深度思考，点面结合，案例分享翔实，是行政人向高阶修炼的首选教科书。

李智斌

哔哩哔哩原行政总监

我是在互联网大厂里做了 10 年的老行政人，我想向大家推荐这本书。这本书真实地展现了互联网圈从客户到体验，到数据，再到产品等一系列的场景，通过一个个案例，将行政工作的思路、方法、路径一一呈现给大家，让我们知道要做什么、怎么做、为什么做以及做成什么样。这是一本非常棒的学习书和工具书，令人受益匪浅。

苏络
某互联网大厂资深行政人

如果你想在行政管理中获得更好的工作效果，少走弯路，那么这本书绝对是你的首选读物！这本书站在行政人的角度思考问题，通过丰富的案例、实践经验和方法论，直击行政管理的痛点，让你能够更好地管理日常事务，提高工作效率。此外，这本书还生动再现了如何在行政管理中利用各种措施来提升企业形象和客户满意度的场景，让你能身临其境地思考自己工作中将面临的具体问题。我非常推荐这本书，它能够帮助你更好地理解和应用行政类工作的专业方法论，提高企业的品牌价值和声誉。如果你想成为一名卓越的行政工作者，同时想为你的企业带来实际收益，那么这本书将是你不可或缺的工具书和指南！

熊军
上海闪定科技有限公司创始人

我一直觉得许老师与姜老师属于非典型的行政人，相比"行政"，他们身上"技术""产品"的标签更重。这也让他们对行政工作的理解更具有逻辑性，使用的方法和工具也更前沿。

在这本书中，你将看到的不是老生常谈的沟通、情商、向上管理、服务意识，也不是晦涩的专业体系，而是在当前的 VUCA 时代，一个真正想要提升职业竞争力的行政人应该具备的思维方式与实用工具。因此，你能在阅读中获得一种"干货超多"的满足感。

同时，我也喜欢这本书的表达，简洁轻松的文风让习惯了碎片化阅读和刷短视频的读者没有任何阅读门槛。这本书兼具青春、时尚、创新和趣味性，就算一口气看完也不会产生疲惫感。我相信在很长一段时间内，它都会是你手边的一本实用工具书，工作之余经常拿起来翻一翻，都会收获新的灵感。

蔡家伟

知行晓政创始人及 CEO

这次许烨老师从互联网时代对行政人的工作挑战出发，全面阐述了行政人应具有的社会化思维、大数据思维、平台化思维以及跨界思维。时代在互联网化，企业在数字化，则行政角色也需要转变，相信通过阅读这本书，你可以升级行政人的工作使命，完成行政人的华丽转身！

杨若冰

行政联盟创始人

彼得·德鲁克全集

序号	书名	序号	书名
1	工业人的未来The Future of Industrial Man	22☆	时代变局中的管理者 The Changing World of the Executive
2	公司的概念Concept of the Corporation	23	最后的完美世界 The Last of All Possible Worlds
3	新社会 The New Society：The Anatomy of Industrial Order	24	行善的诱惑The Temptation to Do Good
4	管理的实践 The Practice of Management	25	创新与企业家精神Innovation and Entrepreneurship
5	已经发生的未来Landmarks of Tomorrow：A Report on the New "Post-Modern" World	26	管理前沿The Frontiers of Management
6	为成果而管理 Managing for Results	27	管理新现实The New Realities
7	卓有成效的管理者The Effective Executive	28	非营利组织的管理 Managing the Non-Profit Organization
8 ☆	不连续的时代The Age of Discontinuity	29	管理未来Managing for the Future
9 ☆	面向未来的管理者 Preparing Tomorrow's Business Leaders Today	30☆	生态愿景The Ecological Vision
10☆	技术与管理Technology，Management and Society	31☆	知识社会Post-Capitalist Society
11☆	人与商业Men，Ideas，and Politics	32	巨变时代的管理 Managing in a Time of Great Change
12	管理：使命、责任、实践（实践篇）	33	德鲁克看中国与日本：德鲁克对话"日本商业圣手"中内功 Drucker on Asia
13	管理：使命、责任、实践（使命篇）	34	德鲁克论管理 Peter Drucker on the Profession of Management
14	管理：使命、责任、实践（责任篇）Management: Tasks,Responsibilities,Practices	35	21世纪的管理挑战Management Challenges for the 21st Century
15	养老金革命 The Pension Fund Revolution	36	德鲁克管理思想精要The Essential Drucker
16	人与绩效：德鲁克论管理精华People and Performance	37	下一个社会的管理 Managing in the Next Society
17☆	认识管理An Introductory View of Management	38	功能社会：德鲁克自选集A Functioning Society
18	德鲁克经典管理案例解析（纪念版）Management Cases(Revised Edition)	39☆	德鲁克演讲实录The Drucker Lectures
19	旁观者：管理大师德鲁克回忆录 Adventures of a Bystander	40	管理(原书修订版） Management (Revised Edition)
20	动荡时代的管理Managing in Turbulent Times	41	卓有成效管理者的实践（纪念版）The Effective Executive in Action
21☆	迈向经济新纪元 Toward the Next Economics and Other Essays		注：序号有标记的书是新增引进翻译出版的作品